Paleo-Küche 2023

Kreative Rezepte für eine moderne Steinzeiternährung

Johannes Bauer

Inhaltsverzeichnis

Geräucherte Rippchen mit Äpfeln und Senf-Mops-Sauce 8
Zerrissen 8
Tauchen 8
Gebackene BBQ-Schweinerippchen mit frischem Ananassalat 11
würziges Schweinefleisch 13
Gulasch 13
Kohl 13
Italienische Wurst Frikadelle Marinara mit geschnittenem Fenchel und Röstzwiebeln 15
Fleischklößchen 15
Marinara 15
Zucchinischiffchen gefüllt mit Schweinefleisch mit Basilikum und Pinienkernen ... 18
Schweinefleisch-Nudelschalen mit Ananas-Curry, Kokosmilch und Kräutern 20
Würzig gegrillte Schweinefleisch-Empanadas mit würzigem Gurkensalat 22
Zucchini-Pizza mit Pesto aus sonnengetrockneten Tomaten, Paprika und italienischer Wurst 24
Mit Zitrone und Koriander geräucherte Lammkeule mit gegrilltem Spargel 27
Lammeintopf 30
Lammeintopf mit Selleriewurzelnudeln 32
Lammkoteletts mit würziger Granatapfel- und Dattelsauce 34
Chutney 34
Lammkoteletts 34
Chimichurri-Lammkoteletts mit geschwitztem Radicchio-Kohl 36
Lammkoteletts mit Ancho und Salbei bestrichen mit Karotten-Süßkartoffel-Remoulade 38
Lammburger gefüllt aus dem Garten mit Paprika-Coulis 40
Paprika-Coulis 40
Hamburger 40
Lammspieße mit doppeltem Oregano und Tzatziki-Sauce 43
Lammkeule 43
Tzatziki Sauce 43
Gegrilltes Hähnchen mit Safran und Zitrone 45

Spatchcocked Chicken mit Jicama-Salat 47
Huhn 47
Krautsalat 47
Gegrillte Hähnchenkeulen mit Wodka, Karotten und Tomatensauce 50
Poulet Rôti und Rutabaga Frites 52
Drei Pilze Coq au Vin mit Steckrübenpüree 54
Pfirsich Brandy glasierte Trommelstöcke 57
Pfirsich-Brandy-Glasur 57
In Chile mariniertes Hähnchen mit Mango-Melonen-Salat 59
Huhn 59
Salat 59
Hähnchenschenkel im Tandoori-Stil mit Gurken-Raita 62
Huhn 62
Gurke Raita 62
Hühner-Curry-Eintopf mit Wurzelgemüse, Spargel und grünem Apfel-Minze-
  Geschmack 64
Gegrillter Hühnersalat mit Himbeeren, Rote Bete und gerösteten Mandeln ... 66
Hähnchenbrust gefüllt mit Broccoli mit frischer Tomatensauce und Caesar Salad . 69
Gegrillte Hähnchen-Döner-Wraps mit würzigem Gemüse und Pinienkernsoße 72
Gebackene Hähnchenbrust mit Champignons, in Knoblauch geschmortem
  Blumenkohl und geröstetem Spargel 74
Hühnersuppe nach thailändischer Art 76
Gegrilltes Hähnchen mit Zitrone und Salbei mit Eskariol 78
Hühnerfleisch mit Frühlingszwiebeln, Brunnenkresse und Radieschen 81
Chicken Tikka Masala 83
Ras el Hanout Hühnerschenkel 86
Carambola-marinierte Hähnchenschenkel auf sautiertem Spinat 88
Hähnchen- und Poblano-Kohl-Tacos mit Chipotle-Mayonnaise 90
Hühnereintopf mit Babykarotten und Bok Choy 92
Gebratenes Hähnchen mit Cashewnüssen und Orange und Pfeffer auf Salatpapier 94
Vietnamesisches Hähnchen mit Kokosnuss und Zitronengras 96
Gegrilltes Huhn und Apfelsalat 99
Toskanische Hühnersuppe mit Grünkohlbändern 101
Hühnerlarb 103
Hähnchenburger mit Szechuan-Cashew-Sauce 105

Szechuan-Cashew-Sauce	105
Türkischer Hähnchen-Wrap	107
Kornische spanische Hühner	109
Entenbrust mit Granatapfel und Jícama-Salat	112
Gebratener Truthahn mit Knoblauchwurzelpüree	114
Gefüllte Putenbrust mit Pestosauce und Rucolasalat	117
Gewürzte Putenbrust mit Kirsch-BBQ-Sauce	119
Weinbrot Putenfilet	121
Gebratene Putenbrust mit Schnittlauchsauce und Garnelen	124
Gebratener Truthahn mit Wurzelgemüse	126
Putenhackbraten mit Kräutern, karamellisierter Zwiebelsauce und gerösteten Kohlschiffchen	128
Türkei Posole	130
Hühnerknochenbrühe	132
Grüner Harissa-Lachs	136
Lachs	136
Harissa	136
Gewürzte Sonnenblumenkerne	136
Salat 137	
Gegrillter Lachs mit mariniertem Artischockensalat	140
Instant Pot Roasted Chili Sage Salmon mit grüner Tomatensalsa	142
Lachs	142
grüner Ketchup	142
Gebratener Lachs und Spargel in Papillote mit Zitronen-Haselnuss-Pesto	145
Gewürzter Lachs mit Champignon-Apfel-Sauce	147
Seezunge in Papillote mit Julienne-Gemüse	150
Rucola-Pesto-Tacos mit geräucherter Limettencreme	152
Gegrillte Kabeljau- und Zucchini-Päckchen mit scharfer Mango-Basilikum-Sauce	155
Riesling pochierter Kabeljau mit Pesto gefüllte Tomaten	157
Gegrillter Kabeljau mit Pistazien- und Korianderkruste auf süßem Kartoffelpüree	159
Kabeljau mit Rosmarin und Mandarine mit geröstetem Brokkoli	161
Kabeljau-Currysalat-Wrap mit eingelegten Radieschen	163
Gebratener Schellfisch mit Zitrone und Fenchel	165
Schnapper mit Pekannusskruste mit Cajun-Okra-Remoulade und Tomaten	167

Thunfisch-Estragon-Empanadas mit Avocado und Zitronen-Alioli 170

Gestreifte Seeigel-Tajine 173

Meeresfrüchte-Bouillabaisse 175

Klassisches Garnelen-Ceviche 178

Salat mit Garnelen und Spinat in Kokoskruste 181

Ceviche mit tropischen Garnelen und Jakobsmuscheln 183

Knoblauchgarnelen mit welkem Spinat und Radicchio 185

Krabbensalat mit Avocado, Grapefruit und Jicama 187

Cajun Lobster Tail Boil mit Estragon Aioli 189

Gebratene Muscheln mit Safran-Alioli 191

Pastinaken-Pommes 191

Safran-Aioli 191

blaue Muschel 191

Gebratene Jakobsmuscheln mit Rote-Bete-Sauce 194

Gegrillte Jakobsmuscheln mit Gurken-Dill-Sauce 197

Gegrillte Jakobsmuscheln mit Tomaten, Olivenöl und Kräutersauce 200

Jakobsmuscheln und Soße 200

Salat 200

Gerösteter Kreuzkümmel-Blumenkohl mit Fenchel und Perlzwiebeln 202

Dicke Tomaten-Auberginen-Sauce mit Spaghettikürbis 205

Gefüllte Portobello-Pilze 207

gerösteter Radicchio 209

Gebratener Fenchel mit Orangen-Vinaigrette 210

Wirsingkohl nach Punjabi-Art 213

Zimt gerösteter Butternut-Kürbis 215

Gegrillter Spargel mit einem gesiebten Ei und Walnüssen 216

Knuspriger Krautsalat mit Radieschen, Mango und Minze 218

Geröstete Kohlringe mit Zitronenkuh 219

Gebratener Kohl mit Balsamico-Orangen-Spray 220

GERÄUCHERTE RIPPCHEN MIT ÄPFELN UND SENF-MOPS-SAUCE

TAUCHEN:1 Stunde Ruhen: 15 Minuten Geräuchert: 4 Stunden Kochen: 20 Minuten Ausbeute: 4 PortionenFEIGE

REICHHALTIGER GESCHMACK UND FLEISCHIGE TEXTUR.GERÄUCHERTER RIPPCHEN BRAUCHT MAN ETWAS FRISCHES UND KNUSPRIGES DAZU. FAST JEDER SALAT REICHT AUS, ABER FENCHELSALAT (SIEHEVERSCHREIBUNGUND IM BILDHIER), IST BESONDERS GUT.

ZERRISSEN
- 8 bis 10 Stück Apfel- oder Walnussholz
- 3 bis 3½ Pfund Schweinelende
- ¼ Tasse geräucherte Gewürze (vglVerschreibung)

TAUCHEN
- 1 mittelgroßer Apfel, geschält, entkernt und in dünne Scheiben geschnitten
- ¼ Tasse gehackte Zwiebel
- ¼ Tasse Wasser
- ¼ Tasse Apfelessig
- 2 Esslöffel Dijon-Senf (vglVerschreibung)
- 2 bis 3 Esslöffel Wasser

1. Weichen Sie die Holzspäne mindestens 1 Stunde vor dem Räuchern in ausreichend Wasser ein, um sie zu bedecken. Vor Gebrauch abtropfen lassen. Sichtbares Fett von den Rippen entfernen. Entfernen Sie bei Bedarf die dünne Membran von der Rückseite der Rippen. Legen Sie die Rippchen in eine große, flache Pfanne. Räuchergewürze gleichmäßig darüber streuen; mit den Fingern reiben. 15 Minuten bei Zimmertemperatur stehen lassen.

2. Legen Sie vorgewärmte Kohlen, abgetropfte Holzspäne und eine Pfanne mit Wasser gemäß den Anweisungen des Herstellers in den Räucherofen. Gießen Sie Wasser in die Pfanne. Legen Sie die Rippchen mit der Knochenseite nach unten auf einen Rost über einem Topf mit Wasser. (Oder legen Sie die Rippchen auf ein Gestell, legen Sie die Rippchen auf ein Gestell.) Abdecken und 2 Stunden lang räuchern. Halten Sie während des gesamten Rauchens eine Temperatur von ungefähr 225 °F im Raucher aufrecht. Fügen Sie nach Bedarf mehr Holzkohle und Wasser hinzu, um Temperatur und Luftfeuchtigkeit aufrechtzuerhalten.

3. In der Zwischenzeit für die Mop-Sauce Apfelscheiben, Zwiebel und ¼ Tasse Wasser in einem kleinen Topf mischen. Zum Kochen bringen; Fieber senken. Zugedeckt 10 bis 12 Minuten köcheln lassen oder bis die Apfelscheiben sehr weich sind, dabei gelegentlich umrühren. Etwas abkühlen lassen; Übertragen Sie Äpfel und Zwiebeln ohne Wasser in eine Küchenmaschine oder einen Mixer. Abdecken und verarbeiten oder mixen, bis es glatt ist. Den Brei zurück in den Topf geben. Essig und Dijon-Senf hinzugeben. Bei mittlerer Hitze 5 Minuten köcheln lassen, gelegentlich umrühren. Fügen Sie 2 bis 3 Esslöffel Wasser (oder mehr nach Bedarf) hinzu, um die Sauce wie eine Vinaigrette zu machen. Teilen Sie die Sauce in Drittel.

4. Nach 2 Stunden die Rippchen großzügig mit einem Drittel der Mopping-Sauce bestreichen. Abdecken und 1 weitere Stunde räuchern. Nochmals mit einem weiteren Drittel der Mop-Sauce bestreichen. Wickeln Sie jede Rippe in

schwere Folie und bringen Sie die Rippen zum Räuchern zurück, stapeln Sie sie bei Bedarf übereinander. Abdecken und weitere 1 bis 1½ Stunden räuchern oder bis die Rippchen weich sind. *

5. Die Rippchen aufheben und mit dem restlichen Drittel der Mop-Sauce bestreichen. Zum Servieren die Rippchen zwischen den Knochen aufschneiden.

*Tipp: Um die Zartheit der Rippen zu testen, entfernen Sie vorsichtig die Folie von einer Rippenplatte. Heben Sie die Rippenplatte mit einer Zange an und halten Sie die Platte gegen das obere Viertel der Platte. Drehen Sie die Rippe um, sodass die Fleischseite nach unten zeigt. Wenn die Rippen weich sind, sollte die Platte beim Anheben auseinanderfallen. Wenn es nicht zart ist, wickeln Sie es wieder in Alufolie und räuchern Sie die Rippchen weiter, bis sie weich sind.

GEBACKENE BBQ-SCHWEINERIPPCHEN MIT FRISCHEM ANANASSALAT

HAUSAUFGABEN:20 Minuten kochen: 8 Minuten backen: 1 Stunde 15 Minuten Ausbeute: 4 Portionen

SCHWEINERIPPCHEN IM LANDHAUSSTIL SIND FLEISCHIG,PREISWERT UND BEI RICHTIGER HANDHABUNG, WIE Z. B. LANGSAMES KOCHEN UND KOCHEN IN SCHWERER BARBECUE-SAUCE, WERDEN SIE BIS ZUM SCHMELZPUNKT WEICH.

- 2 lb. Country Style Schweinerippchen ohne Knochen
- ¼ TL schwarzer Pfeffer
- 1 Esslöffel raffiniertes Kokosöl
- ½ Tasse frischer Orangensaft
- 1½ Tassen BBQ-Sauce (vglVerschreibung)
- 3 Tassen zerkleinerter Grünkohl und/oder Rotkohl
- 1 Tasse geriebene Karotten
- 2 Tassen fein gehackte Ananas
- ⅓ Tasse helle Zitrus-Vinaigrette (vglVerschreibung)
- BBQ-Sauce (vglVerschreibung) (Optional)

1. Ofen auf 350° F vorheizen. Schweinefleisch mit Pfeffer bestreuen. Kokosöl bei mittlerer Hitze in einer extragroßen Pfanne erhitzen. Schweinefleisch hinzufügen; 8 bis 10 Minuten kochen oder bis sie gebräunt sind und gleichmäßig braun werden. Ordnen Sie die Rippchen in einer quadratischen 3-Liter-Auflaufform an.

2. Für die Sauce Orangensaft in die Pfanne geben und umrühren, um alle braunen Stücke abzukratzen. Fügen Sie

die 1½ Tassen BBQ-Sauce hinzu. Sauce über die Rippchen gießen. Wenden Sie die Rippen, um sie mit der Sauce zu bestreichen (verwenden Sie bei Bedarf einen Backpinsel, um die Sauce über die Rippen zu streichen). Die Auflaufform gut mit Alufolie abdecken.

3. Backen Sie die Rippchen 1 Stunde lang. Alufolie entfernen und mit Soße aus der Auflaufform bestreichen. Weitere 15 Minuten backen oder bis die Rippchen zart und goldbraun sind und die Sauce leicht eingedickt ist.

4. In der Zwischenzeit für den Ananassalat Kohl, Karotten, Ananas und helle Zitrus-Vinaigrette mischen. Bis zum Servieren abdecken und kühl stellen.

5. Rippchen mit Salat und, falls gewünscht, extra BBQ-Sauce servieren.

WÜRZIGES SCHWEINEFLEISCH

HAUSAUFGABEN:20 Minuten Kochzeit: 40 Minuten. Ausbeute: 6 Portionen

DIESER UNGARISCHE EINTOPF WIRD SERVIERTÜBER EINEM BETT AUS KNACKIGEM, KAUM WELKEM KOHL FÜR EIN EIN-GÄNGE-MENÜ. ZERSTOßEN SIE DIE KREUZKÜMMELSAMEN IN EINEM MÖRSER UND STÖßEL, FALLS SIE EINEN ZUR HAND HABEN. WENN NICHT, DRÜCKEN SIE UNTER DIE BREITE SEITE DES KOCHMESSERS, INDEM SIE LEICHT MIT DER FAUST AUF DAS MESSER DRÜCKEN.

GULASCH

    1½ Pfund Schweinefleisch

    2 Tassen gehackte rote, orange und/oder gelbe Paprika

    ¾ Tasse fein gehackte rote Zwiebel

    1 kleine frische rote Chili, entkernt und fein gehackt (vgl mager)

    4 Teelöffel Räuchergewürz (vglVerschreibung)

    1 Teelöffel Kreuzkümmel, gemahlen

    ¼ Teelöffel gemahlener Majoran oder Oregano

    1 14-Unzen-Dose ohne Salz, gewürfelte Tomaten, nicht abgetropft

    2 Esslöffel Rotweinessig

    1 Esslöffel fein abgeriebene Zitronenschale

    ⅓ Tasse gehackte frische Petersilie

KOHL

    2 Esslöffel Olivenöl

    1 mittelgroße Zwiebel, in Scheiben geschnitten

    1 Grün- oder Lilakohl, entkernt und in dünne Scheiben geschnitten

1. Für das Gulasch Schweinefleisch, Paprika und Zwiebeln in einem großen Feuertopf bei mittlerer Hitze 8 bis 10 Minuten kochen oder bis das Schweinefleisch nicht mehr rosa und das Gemüse zart und knackig ist, mit einem

Holzlöffel umrühren. um das Fleisch in Stücke zu brechen. Das Fett abgießen. Reduzieren Sie die Hitze auf niedrig; fügen Sie rote Chilis, Räuchergewürze, Kreuzkümmel und Majoran hinzu. Abdecken und 10 Minuten garen. Fügen Sie nicht abgetropfte Tomaten und Essig hinzu. Zum Kochen bringen; Fieber senken. Zugedeckt 20 Minuten köcheln lassen.

2. In der Zwischenzeit für den Kohl in einer extra großen Pfanne Öl bei mittlerer Hitze erhitzen. Fügen Sie die Zwiebel hinzu und kochen Sie sie etwa 2 Minuten lang, bis sie weich ist. Kohl hinzufügen; rühren, um zu kombinieren. Reduzieren Sie die Hitze auf niedrig. etwa 8 Minuten kochen lassen oder bis der Kohl weich ist, dabei gelegentlich umrühren.

3. Zum Servieren etwas von der Kohlmischung auf einen Teller geben. Gulasch darauf verteilen und mit Zitronenschale und Petersilie bestreuen.

ITALIENISCHE WURST FRIKADELLE MARINARA MIT GESCHNITTENEM FENCHEL UND RÖSTZWIEBELN

HAUSAUFGABEN: 30 Minuten backen: 30 Minuten kochen: 40 Minuten Ausbeute: 4 bis 6 Portionen

DIESES REZEPT IST EIN SELTENES BEISPIELEINES KONSERVENPRODUKTS, DAS GENAUSO GUT, WENN NICHT SOGAR BESSER FUNKTIONIERT ALS DIE FRISCHE VERSION. WENN SIE NICHT SEHR, SEHR REIFE TOMATEN HABEN, ERHALTEN SIE MIT FRISCHEN TOMATEN KEINE SO GUTE SAUCENKONSISTENZ WIE MIT TOMATEN AUS DER DOSE. ACHTEN SIE NUR DARAUF, EIN PRODUKT OHNE SALZZUSATZ UND NOCH BESSER BIO ZU VERWENDEN.

FLEISCHKLÖßCHEN

2 große Eier

½ Tasse Mandelmehl

8 gehackte Knoblauchzehen

6 Esslöffel trockener Weißwein

1 Esslöffel Paprika

2 Teelöffel schwarzer Pfeffer

1 Teelöffel Fenchelsamen, leicht zerdrückt

1 Teelöffel getrockneter Oregano, zerstoßen

1 Teelöffel getrockneter Thymian, gehackt

¼ bis ½ Teelöffel Cayennepfeffer

1½ Pfund Schweinefleisch

MARINARA

2 Esslöffel Olivenöl

2 15-Unzen-Dosen ungesalzene Dosentomaten oder eine 28-Unzen-Dose.

½ Tasse gehackter frischer Basilikum

3 mittelgroße Fenchelknollen, halbiert, entkernt und in dünne Scheiben geschnitten

1 große süße Zwiebel, halbiert und in dünne Scheiben geschnitten

1. Backofen auf 375 ° F vorheizen. Ein großes Backblech mit Pergamentpapier auslegen; beiseite legen. In einer großen Schüssel Eier, Mandelmehl, 6 gehackte Knoblauchzehen, 3 Esslöffel Wein, Paprikapulver, 1 ½ Teelöffel schwarzen Pfeffer, Fenchelsamen, Oregano, Thymian und Cayennepfeffer verquirlen. Schweinefleisch hinzufügen; gut mischen. Formen Sie die Schweinefleischmischung in 1½-Zoll-Fleischbällchen (Sie sollten ungefähr 24 Fleischbällchen haben); in einer einzigen Schicht auf das vorbereitete Backblech legen. Etwa 30 Minuten backen oder bis sie leicht golden sind, dabei einmal wenden.

2. In der Zwischenzeit für die Marinara-Sauce 1 Esslöffel Olivenöl in einem 4- bis 6-Liter-Feuertopf erhitzen. Fügen Sie die anderen 2 gehackten Knoblauchzehen hinzu; Kochen Sie für ungefähr 1 Minute oder bis sie gerade anfangen zu bräunen. Fügen Sie schnell die restlichen 3 Esslöffel Wein, passierte Tomaten und Basilikum hinzu. Zum Kochen bringen; Fieber senken. Ohne Deckel 5 Minuten köcheln lassen. Gießen Sie die gekochten Fleischbällchen vorsichtig in die Marinara-Sauce. Abdecken und bei schwacher Hitze 25 bis 30 Minuten garen.

3. In der Zwischenzeit in einer großen Pfanne den restlichen 1 Esslöffel Olivenöl bei mittlerer Hitze erhitzen. Fügen Sie geschnittenen Fenchel und Zwiebel hinzu. Kochen Sie 8 bis 10 Minuten oder bis sie zart und leicht gebräunt sind, und rühren Sie häufig um. Mit restlichen ½ Teelöffel

schwarzem Pfeffer würzen. Servieren Sie die Fleischbällchen und die Marinara-Sauce über dem Fenchel und der Zwiebel.

ZUCCHINISCHIFFCHEN GEFÜLLT MIT SCHWEINEFLEISCH MIT BASILIKUM UND PINIENKERNEN

HAUSAUFGABEN:20 Minuten kochen: 22 Minuten backen: 20 Minuten Ausbeute: 4 Portionen

KINDER WERDEN DIESES LUSTIGE GERICHT LIEBENAUSGEHÖHLTE ZUCCHINI GEFÜLLT MIT SCHWEINEFLEISCH, TOMATEN UND PAPRIKA. FALLS GEWÜNSCHT, 3 ESSLÖFFEL BASILIKUMPESTO HINZUFÜGEN (SIEHEVERSCHREIBUNG) STATT FRISCHEM BASILIKUM, PETERSILIE UND PINIENKERNEN.

2 mittelgroße Zucchini
1 Esslöffel natives Olivenöl extra
12 Unzen Schweinefleisch
¾ Tasse gehackte Zwiebel
2 Knoblauchzehen gehackt
1 Tasse gehackte Tomaten
⅔ Tasse fein gehackte gelbe oder orange Paprika
1 Teelöffel Fenchelsamen, leicht zerdrückt
½ Teelöffel zerkleinerte Paprikaflocken
¼ Tasse gehackter frischer Basilikum
3 EL frische Petersilie in Streifen geschnitten
2 Esslöffel geröstete Pinienkerne (vglmager) und grob gehackt
1 Teelöffel fein abgeriebene Zitronenschale

1. Ofen auf 350° F vorheizen. Zucchini längs halbieren und vorsichtig in der Mitte auskratzen, wobei eine ¼ Zoll dicke Haut übrig bleibt. Zucchini-Fruchtfleisch in große Stücke schneiden und aufbewahren. Die Zucchinihälften

mit den Schnittflächen nach oben auf ein mit Alufolie ausgelegtes Backblech legen.

2. Für die Füllung das Olivenöl in einer großen Pfanne bei mittlerer Hitze erhitzen. Schweinefleisch hinzufügen; garen, bis es nicht mehr rosa ist, dabei mit einem Holzlöffel umrühren, um das Fleisch aufzubrechen. Das Fett abgießen. Hitze auf mittel reduzieren. Fügen Sie reserviertes Zucchinipulpe, Zwiebel und Knoblauch hinzu; kochen und etwa 8 Minuten lang umrühren oder bis die Zwiebel weich ist. Tomaten, Paprika, Fenchelsamen und zerstoßene rote Paprika zugeben. Kochen Sie für etwa 10 Minuten oder bis die Tomaten weich sind und anfangen zu zerfallen. Pfanne vom Herd nehmen. Basilikum, Petersilie, Pinienkerne und Zitronenschale hinzufügen. Die Füllung auf die Zucchinischalen verteilen und einen kleinen Hügel formen. 20 bis 25 Minuten backen oder bis die Zucchinischalen knusprig sind.

SCHWEINEFLEISCH-NUDELSCHALEN MIT ANANAS-CURRY, KOKOSMILCH UND KRÄUTERN

HAUSAUFGABEN:30 Minuten kochen: 15 Minuten backen: 40 Minuten Ausbeute: 4 PortionenFEIGE

1 großer Spaghettikürbis
2 Esslöffel raffiniertes Kokosöl
1 Pfund Schweinefleisch
2 Esslöffel fein gehackter Schnittlauch
2 Esslöffel frischer Limettensaft
1 Esslöffel gehackter frischer Ingwer
6 gehackte Knoblauchzehen
1 Esslöffel gehacktes Zitronengras
1 Esslöffel ohne Salz zu rotem Thai-Curry hinzugefügt
1 Tasse gehackter roter Pfeffer
1 Tasse gehackte Zwiebel
½ Tasse Karotte in der Gleichung
1 Baby Pak Choi, in Scheiben geschnitten (3 Tassen)
1 Tasse geschnittene frische Champignons
1 oder 2 Thai Bird Chilis, in dünne Scheiben geschnitten (vgl mager)
1 13,5-Unzen-Dose normale Kokosmilch (wie Nature's Way)
½ Tasse Hühnerknochenbrühe (vgl Verschreibung) oder ungesalzene Hühnerbrühe
¼ Tasse frischer Ananassaft
3 Esslöffel ungesalzene Cashewbutter ohne Zusatz von Öl
1 Tasse frisch gewürfelte Ananas, gewürfelt
Zitronenscheiben
Frischer Koriander, Minze und/oder Thai-Basilikum
Gehackte geröstete Cashewnüsse

1. Backofen auf 200 °C vorheizen. Spaghettikürbis 3 Minuten lang auf hoher Stufe in der Mikrowelle erhitzen. Den Kürbis vorsichtig der Länge nach halbieren und die Kerne herauskratzen. Reibe 1 Esslöffel Kokosöl über die geschnittenen Seiten des Kürbisses. Die Hälfte des Kürbisses mit der Schnittfläche nach unten auf ein Backblech legen. 40 bis 50 Minuten backen oder bis der Kürbis leicht mit einem Messer durchstochen werden kann. Kratzen Sie das Fleisch mit den Zinken einer Gabel aus den Schalen und halten Sie es bis zum Servieren warm.

2. In der Zwischenzeit in einer mittelgroßen Schüssel Schweinefleisch, Zwiebel, Limettensaft, Ingwer, Knoblauch, Zitronengras und Currypulver mischen; gut mischen. Restlichen 1 Esslöffel Kokosöl in einer großen Pfanne bei mittlerer Hitze erhitzen. Schweinefleischmischung hinzufügen; garen, bis es nicht mehr rosa ist, dabei mit einem Holzlöffel umrühren, um das Fleisch aufzubrechen. Paprika, Zwiebel und Karotte hinzufügen; kochen und etwa 3 Minuten lang umrühren oder bis das Gemüse knusprig und zart ist. Pak Choi, Pilze, Chilischoten, Kokosmilch, Hühnerknochenbrühe, Ananassaft und Cashewbutter hinzugeben. Zum Kochen bringen; Fieber senken. Ananas hinzufügen; köcheln lassen, unbedeckt, bis durchgeheizt.

3. Zum Servieren den Spaghettikürbis auf vier Servierschalen verteilen. Curry-Schweinefleisch über Kürbis servieren. Mit Zitronenschnitzen, Kräutern und Cashewnüssen servieren.

WÜRZIG GEGRILLTE SCHWEINEFLEISCH-EMPANADAS MIT WÜRZIGEM GURKENSALAT

HAUSAUFGABEN:Gegrillt 30 Minuten: 10 Minuten Ruhe: 10 Minuten Ausbeute: 4 Portionen

KNACKIGER GURKENSALATMIT FRISCHER MINZE AROMATISIERT, IST ES EIN ERFRISCHENDES UND ERFRISCHENDES TOPPING FÜR WÜRZIGE SCHWEINEFLEISCHBURGER.

⅓ Tasse Olivenöl

¼ Tasse gehackte frische Minze

3 Esslöffel Weißweinessig

8 gehackte Knoblauchzehen

¼ TL schwarzer Pfeffer

2 mittelgroße Gurken, sehr dünn geschnitten

1 kleine Zwiebel, in dünne Scheiben geschnitten (ca. ½ Tasse)

1¼ bis 1½ Pfund Schweinefleisch

¼ Tasse gehackter frischer Koriander

1 bis 2 frische mittelgroße Jalapeno- oder Serrano-Paprikaschoten, entkernt (falls gewünscht) und fein gehackt (siehe mager)

2 mittelgroße rote Paprika, entkernt und geviertelt

2 TL Olivenöl

1. ⅓ Tasse Olivenöl, Minze, Essig, 2 gehackte Knoblauchzehen und schwarzen Pfeffer in einer großen Schüssel verquirlen. Geschnittene Gurken und Zwiebeln dazugeben. Mischen, bis gut beschichtet. Bis zum Servieren abdecken und kühl stellen, dabei ein- oder zweimal umrühren.

2. Schweinefleisch, Koriander, Chili und 6 gehackte Knoblauchzehen in einer großen Schüssel mischen. Zu vier ¾ Zoll dicken Patties formen. Die Paprikaviertel leicht mit 2 Teelöffeln Olivenöl bestreichen.

3. Für einen Holzkohlegrill oder Gasgrill die Kekse und Paprikaviertel direkt auf mittlere Hitze legen. Abdecken und grillen, bis ein in die Seiten des Schweinefleischs eingeführtes, sofort ablesbares Thermometer 160 ° F anzeigt und die Paprikaviertel zart und leicht verkohlt sind. Warten Sie 10 bis 12 Minuten für Hamburgerbrötchen und 8 bis 10 Minuten für Paprika.

4. Wenn die Paprikaviertel fertig sind, wickeln Sie sie in Alufolie ein, um sie vollständig zu umschließen. Etwa 10 Minuten stehen lassen oder bis es kühl genug zum Anfassen ist. Mit einem scharfen Messer vorsichtig die Haut von der Paprika entfernen. Die Paprika längs vierteln.

5. Zum Servieren den Gurkensalat mischen und gleichmäßig auf vier große Teller verteilen. Schweinefleisch auf jeden Teller geben. Paprikascheiben gleichmäßig auf die Burgerpatties stapeln.

ZUCCHINI-PIZZA MIT PESTO AUS SONNENGETROCKNETEN TOMATEN, PAPRIKA UND ITALIENISCHER WURST

HAUSAUFGABEN:30 Minuten kochen: 15 Minuten backen: 30 Minuten Ausbeute: 4 Portionen

DAS IST EINE PIZZA MIT MESSER UND GABEL.STELLEN SIE SICHER, DASS SIE DIE WURST UND DIE PAPRIKA LEICHT IN DIE MIT PESTO ÜBERZOGENE KRUSTE DRÜCKEN, DAMIT DIE BELÄGE GENUG HAFTEN, DAMIT DIE PIZZA PERFEKT GESCHNITTEN WERDEN KANN.

2 Esslöffel Olivenöl

1 Esslöffel fein gemahlene Mandeln

1 großes Ei, leicht geschlagen

½ Tasse Mandelmehl

1 Esslöffel frischer Oregano in Streifen geschnitten

¼ TL schwarzer Pfeffer

3 Knoblauchzehen gehackt

3½ Tassen geraspelte Zucchini (2 mittelgroß)

Italienische Wurst (vglVerschreibung, unter)

1 Esslöffel natives Olivenöl extra

1 Paprika (jeweils gelb, rot oder halb), entkernt und in sehr dünne Streifen geschnitten

1 kleine Zwiebel, fein gehackt

Pesto aus sonnengetrockneten Tomaten (vglVerschreibung, unter)

1. Ofen auf 425 °F vorheizen. Eine 12-Zoll-Pizzapfanne mit 2 Esslöffeln Olivenöl auspinseln. Mit gemahlenen Mandeln bestreuen; beiseite legen.

2. Für den Boden Ei, Mandelmehl, Oregano, schwarzen Pfeffer und Knoblauch in einer großen Schüssel vermengen.

Legen Sie die geriebene Zucchini auf ein sauberes Handtuch oder ein Stück Mulltuch. gut packen

MIT ZITRONE UND KORIANDER GERÄUCHERTE LAMMKEULE MIT GEGRILLTEM SPARGEL

TAUCHEN:30 Minuten Zubereitung: 20 Minuten Grillen: 45 Minuten Ruhen: 10 Minuten Ergiebigkeit: 6 bis 8 Portionen

SCHLICHT UND DOCH ELEGANT ZEICHNET SICH DIESES GERICHT AUSZWEI ZUTATEN, DIE IM FRÜHLING LEBENDIG WERDEN: LAMM UND SPARGEL. GERÖSTETE KORIANDERSAMEN BRINGEN DEN WARMEN, ERDIGEN, LEICHT SÄUERLICHEN GESCHMACK ZUR GELTUNG.

- 1 Tasse Hickory-Holzspäne
- 2 Esslöffel Koriandersamen
- 2 Esslöffel fein abgeriebene Zitronenschale
- 1½ TL schwarzer Pfeffer
- 2 Esslöffel frischer Thymian, in Streifen geschnitten
- 1 Lammkeule ohne Knochen 2 bis 3 Pfund
- 2 Bund frischer Spargel
- 1 Esslöffel Olivenöl
- ¼ TL schwarzer Pfeffer
- 1 Zitrone in Viertel geschnitten

1. Mindestens 30 Minuten vor dem Räuchern Hickory-Chips in einer Schüssel in ausreichend Wasser einweichen, um sie zu bedecken; beiseite legen. In der Zwischenzeit die Koriandersamen in einer kleinen Pfanne bei mittlerer Hitze etwa 2 Minuten rösten oder bis sie duften und knusprig sind, dabei häufig umrühren. Samen aus der Pfanne entfernen; abkühlen lassen. Sobald die Samen abgekühlt sind, zerstoßen Sie sie in einem Mörser (oder legen Sie die Samen auf ein Schneidebrett und zerdrücken

Sie sie mit der Rückseite eines Holzlöffels). In einer kleinen Schüssel zerkleinerte Koriandersamen, Zitronenschale, 1½ Teelöffel Piment und Thymian mischen; beiseite legen.

2. Entfernen Sie das Netz von der Lammkeule, falls vorhanden. Öffnen Sie das Steak mit der Fettseite nach unten auf einer Arbeitsfläche. Die Hälfte der Gewürzmischung über das Fleisch streuen; mit den Fingern reiben. Das Steak aufrollen und mit vier bis sechs Stück Küchengarn aus 100 % Baumwolle zusammenbinden. Streuen Sie den Rest der Gewürzmischung über die Außenseite des Steaks und drücken Sie leicht darauf, um zu haften.

3. Bei einem Holzkohlegrill die Holzkohle bei mittlerer Hitze um eine Fettpfanne legen. Bei mittlerer Hitze in einer Pfanne testen. Abgetropfte Holzspäne über die Kohlen streuen. Legen Sie das Lammsteak auf den Grill auf die Auffangschale. Abdecken und 40 bis 50 Minuten bei mittlerer Hitze (145°F) räuchern. (Bei Gasgrill Grill vorheizen. Hitze auf mittlere Stufe reduzieren. Auf indirektes Garen einstellen. Räuchern wie oben, außer abgetropfte Holzspäne gemäß Herstellerangaben hinzufügen.) Steak locker mit Alufolie abdecken. Vor dem Schneiden 10 Minuten ruhen lassen.

4. In der Zwischenzeit die holzigen Enden des Spargels abschneiden. In einer großen Schüssel Spargel mit Olivenöl und ¼ Teelöffel Pfeffer vermengen. Ordnen Sie den Spargel an den äußeren Rändern des Grills an, direkt über den Kohlen und senkrecht zu den Grillrosten.

Abdecken und 5 bis 6 Minuten grillen, bis sie knusprig sind. Zitronenspalten über Spargel auspressen.

5. Die Schnur vom Lamm entfernen und das Fleisch in dünne Scheiben schneiden. Das Fleisch mit gegrilltem Spargel servieren.

LAMMEINTOPF

HAUSAUFGABEN:30 Minuten Kochzeit: 2 Stunden 40 Minuten Ergiebigkeit: 4 Portionen

WÄRMEN SIE SICH MIT DIESEM LECKEREN EINTOPF AUFIN EINER HERBST- ODER WINTERNACHT. DER FISCHEINTOPF WIRD ÜBER EINEM SAMTIGEN SELLERIE- UND PASTINAKENPÜREE SERVIERT, DAS MIT DIJON-SENF, CASHEWCREME UND SCHNITTLAUCH AROMATISIERT IST. HINWEIS: SELLERIEWURZEL WIRD MANCHMAL SELLERIE GENANNT.

10 schwarze Pfefferkörner

6 Salbeiblätter

3 ganze Kräuter

2 2-Zoll-Streifen Orangenschale

2 Pfund Lammschulter ohne Knochen

3 Esslöffel Olivenöl

2 mittelgroße Zwiebeln, grob gehackt

1 14,5-Unzen-Dose ohne Salzzusatz gewürfelte Tomaten, nicht abgetropft

1½ Tassen Rinderknochenbrühe (vglVerschreibung) oder ungesalzene Rinderbrühe

¾ Tasse trockener Weißwein

3 große Knoblauchzehen, gehackt und geschält

2 Pfund Selleriewurzel, geschält und in 1-Zoll-Würfel geschnitten

6 mittelgroße Pastinaken, geschält und in 1-Zoll-Scheiben geschnitten (etwa 2 Pfund)

2 Esslöffel Olivenöl

2 Esslöffel Cashewcreme (vglVerschreibung)

1 Esslöffel Dijon-Senf (vglVerschreibung)

¼ Tasse gehackter Schnittlauch

1. Schneiden Sie ein 7-Zoll-Quadrat aus Seihtuch für den Strauß. Pfefferkörner, Salbei, Kräuter und Orangenschale in der Mitte des Käsetuchs anordnen. Heben Sie die Ecken

des Seihtuchs an und binden Sie es mit sauberem Küchengarn aus 100 % Baumwolle fest. Beiseite legen.

2. Fett von der Lammschulter schneiden; Lamm in 1-Zoll-Stücke schneiden. 3 Esslöffel Olivenöl in einem Schmortopf bei mittlerer Hitze erhitzen. Lammbraten, falls nötig, portionsweise in heißem Öl anbraten, bis es gebräunt ist; Aus der Pfanne nehmen und warm halten. Zwiebel in die Pfanne geben; 5 bis 8 Minuten kochen oder bis sie weich und leicht gebräunt sind. Fügen Sie das Bouquet garni, die nicht abgetropften Tomaten, 1¼ Tassen Rinderknochenbrühe, Wein und Knoblauch hinzu. Zum Kochen bringen; Fieber senken. Zugedeckt 2 Stunden köcheln lassen, gelegentlich umrühren. Blumenstraußgarn entfernen und entsorgen.

3. In der Zwischenzeit Selleriewurzel und Pastinaken zum Pürieren in einen großen Topf geben; mit Wasser bedecken. Bei mittlerer Hitze zum Kochen bringen; Hitze auf niedrig reduzieren. Abdecken und 30 bis 40 Minuten köcheln lassen oder bis das Gemüse sehr zart ist, wenn man es mit einer Gabel einsticht. Abfließen; Gemüse in eine Küchenmaschine geben. Fügen Sie ¼ Tasse Rinderknochenbrühe und 2 Esslöffel Öl hinzu; Pulsieren, bis das Püree fast glatt ist, aber noch etwas Textur hat, und ein- oder zweimal anhalten, um die Seiten abzukratzen. Das Püree in eine Schüssel umfüllen. Cashewkerncreme, Senf und Frühlingszwiebel zugeben.

4. Zum Servieren den Brei auf vier Schalen verteilen; Top mit Lamm Hot Pot.

LAMMEINTOPF MIT SELLERIEWURZELNUDELN

HAUSAUFGABEN:Gebacken in 30 Minuten: 1 Stunde 30 Minuten Ausbeute: 6 Portionen

SELLERIEWURZEL SIEHT GANZ ANDERS AUS.HÖHER IN DIESEM EINTOPF ALS IM HEIßEN LAMM (VGL<u>VERSCHREIBUNG</u>). MIT EINEM MANDOLINENHOBEL WERDEN HAUCHDÜNNE STREIFEN DER NUSSIG SÜßEN WURZEL HERGESTELLT. DIE "NUDELN" KÖCHELN IN DER BRÜHE BIS SIE WEICH SIND.

2 Teelöffel Zitronen-Kräuter-Gewürz (vgl<u>Verschreibung</u>)
1½ Pfund Lamm, in 1-Zoll-Würfel geschnitten
2 Esslöffel Olivenöl
2 Tassen gehackte Zwiebel
1 Tasse gehackte Karotten
1 Tasse gehackte Rüben
1 Esslöffel gehackter Knoblauch (6 Zehen)
2 Esslöffel ohne Salz zu Tomatenmark
½ Tasse trockener Rotwein
4 Tassen Rinderknochenbrühe (vgl<u>Verschreibung</u>) oder ungesalzene Rinderbrühe
1 Lorbeerblatt
2 Tassen 1-Zoll-gewürfelter Butternusskürbis
1 Tasse gewürfelte Auberginen
1 Pfund Selleriewurzel, geschält
gehackte frische Petersilie

1. Backofen auf 250 ° F vorheizen. Zitronengewürz gleichmäßig über das Lamm streuen. Zum Überziehen vorsichtig schwenken. Erhitzen Sie einen 6- bis 8-Liter-Brenntopf bei mittlerer bis hoher Hitze. Fügen Sie 1 Esslöffel Olivenöl und die Hälfte des im Dutch Oven gewürzten Lamms hinzu. Fleisch in heißem Öl von allen

Seiten anbraten; Das angebratene Fleisch auf einen Teller geben und mit dem restlichen Lammfleisch und dem Olivenöl wiederholen. Hitze auf mittel reduzieren.

2. Zwiebeln, Karotten und Rüben in den Topf geben. Gemüse 4 Minuten kochen und umrühren; fügen Sie Knoblauch und Tomatenpaste hinzu und kochen Sie 1 Minute mehr. Den Rotwein, die Rinderknochenbrühe, das Lorbeerblatt und das reservierte Fleisch sowie den angesammelten Saft in den Topf geben. Zum Kochen bringen. Den Dutch Oven schließen und in den vorgeheizten Backofen stellen. 1 Stunde backen. Fügen Sie den Kürbis und die Aubergine hinzu. Wieder in den Ofen stellen und weitere 30 Minuten backen.

3. Während der Eintopf im Ofen ist, die Selleriewurzel mit einer Mandoline in sehr dünne Scheiben schneiden. Selleriescheiben in ½ Zoll breite Streifen schneiden. (Sie sollten ungefähr 4 Tassen haben.) Rühren Sie die Selleriewurzelstreifen in die Brühe. Etwa 10 Minuten köcheln lassen oder bis sie weich sind. Das Lorbeerblatt vor dem Servieren entfernen und wegwerfen. Jede Portion mit gehackter Petersilie bestreuen.

LAMMKOTELETTS MIT WÜRZIGER GRANATAPFEL- UND DATTELSAUCE

HAUSAUFGABEN:Kochen 10 Minuten: Kühlen 18 Minuten: 10 Minuten Ausbeute: 4 Portionen

DER BEGRIFF "FRANZÖSISCH" BEZIEHT SICH AUF EINE RIPPEAUS DEM FETT, FLEISCH UND BINDEGEWEBE MIT EINEM SCHARFEN KÜCHENMESSER ENTFERNT WURDEN. ES IST EINE ANSPRECHENDE PRÄSENTATION. BITTEN SIE IHREN METZGER DARUM, ODER SIE KÖNNEN ES SELBST TUN.

CHUTNEY
- ½ Tasse ungesüßter Granatapfelsaft
- 1 Esslöffel frischer Zitronensaft
- 1 Schalotte, geschält und in dünne Scheiben geschnitten
- 1 Teelöffel fein abgeriebene Orangenschale
- ⅓ Tasse gehackte Medjool-Datteln
- ¼ TL zerstoßener roter Pfeffer
- ¼ Tasse Granatapfelkerne*
- 1 Esslöffel Olivenöl
- 1 Esslöffel gehackte frische italienische (flachblättrige) Petersilie

LAMMKOTELETTS
- 2 Esslöffel Olivenöl
- 8 französische Lammkoteletts

1. Für die scharfe Sauce Granatapfelsaft, Zitronensaft und Schalotten in einem kleinen Topf vermengen. Zum Kochen bringen; Fieber senken. Ohne Deckel 2 Minuten köcheln lassen. Orangenschale, Datteln und gehackte rote Paprika hinzufügen. Etwa 10 Minuten stehen lassen, bis es abgekühlt ist. Granatäpfel, 1 EL Olivenöl und die Petersilie

dazugeben. Bis zum Servieren bei Zimmertemperatur stehen lassen.

2. Für die Koteletts in einer großen Pfanne 2 Esslöffel Olivenöl bei mittlerer Hitze erhitzen. Die Koteletts portionsweise in die Pfanne geben und 6 bis 8 Minuten bei mittlerer Hitze (145 °F) kochen, dabei einmal wenden. Top Koteletts mit scharfer Soße.

*Hinweis: Frische Granatäpfel und ihre Kerne oder Samen sind von Oktober bis Februar erhältlich. Wenn Sie sie nicht finden können, verwenden Sie ungesüßte getrocknete Samen, um das Chutney knuspriger zu machen.

CHIMICHURRI-LAMMKOTELETTS MIT GESCHWITZTEM RADICCHIO-KOHL

HAUSAUFGABEN:30 Minuten Marinieren: 20 Minuten Kochen: 20 Minuten Ausbeute: 4 Portionen

IN ARGENTINIEN IST CHIMICHURRI DAS BELIEBTESTE GEWÜRZ.DAZU DAS LANDESWEIT BEKANNTE BARBECUE-STEAK IM GAUCHO-STIL. ES GIBT VIELE VARIATIONEN, ABER DIE DICKE KRÄUTERSAUCE WIRD NORMALERWEISE MIT PETERSILIE, KORIANDER ODER OREGANO, SCHALOTTEN UND / ODER KNOBLAUCH, ZERSTOßENER ROTER PAPRIKA, OLIVENÖL UND ROTWEINESSIG ZUBEREITET. ES IST GROßARTIG AUF GEGRILLTEM STEAK, ABER EBENSO BRILLANT AUF IN DER PFANNE GEBRATENEM ODER GEBRATENEM LAMM, HÄHNCHEN UND SCHWEINEKOTELETTS.

8 Lammkeulenkoteletts, 1 Zoll dick geschnitten
½ Tasse Chimichurri-Sauce (vglVerschreibung)
2 Esslöffel Olivenöl
1 süße Zwiebel, halbiert und in Scheiben geschnitten
1 TL Kreuzkümmel, gemahlen*
1 gehackte Knoblauchzehe
1 Kopf Radicchio, entkernt und in dünne Streifen geschnitten
1 Esslöffel Balsamico-Essig

1. Legen Sie die Lammkoteletts in eine extra große Schüssel. Mit 2 EL Chimichurri-Sauce beträufeln. Reibe die Sauce mit deinen Fingern über die gesamte Oberfläche jedes Schnitzels. Die Koteletts 20 Minuten bei Zimmertemperatur marinieren lassen.

2. In der Zwischenzeit für den gerösteten Radicchio-Salat 1 EL Olivenöl in einer extragroßen Pfanne erhitzen. Zwiebeln, Kreuzkümmel und Knoblauch hinzufügen; 6 bis 7 Minuten kochen oder bis die Zwiebel weich ist, dabei oft umrühren. Radicchio hinzufügen; 1 bis 2 Minuten kochen oder bis der Radicchio leicht zusammenfällt. Den Salat in eine große Schüssel umfüllen. Balsamico-Essig zugeben und gut vermischen. Zudecken und warm halten.

3. Pfanne reinigen. Den restlichen 1 Esslöffel Olivenöl in die Pfanne geben und bei mittlerer Hitze erhitzen. Lammkoteletts hinzufügen; Hitze auf mittel reduzieren. Kochen Sie 9 bis 11 Minuten oder bis sie fertig sind, und wenden Sie die Koteletts gelegentlich mit einer Zange.

4. Koteletts mit Salat und restlicher Chimichurri-Sauce servieren.

*Hinweis: Um Kreuzkümmelsamen zu zerkleinern, verwenden Sie einen Mörser und Stößel oder legen Sie die Samen auf ein Schneidebrett und zerkleinern Sie sie mit einem Kochmesser.

LAMMKOTELETTS MIT ANCHO UND SALBEI BESTRICHEN MIT KAROTTEN-SÜßKARTOFFEL-REMOULADE

HAUSAUFGABEN:Kalt 12 Minuten: 1 bis 2 Stunden Grill: 6 Minuten Ausbeute: 4 Portionen

ES GIBT DREI ARTEN VON LAMMKOTELETTS.DICKE UND FLEISCHIGE LENDENKOTELETTS SEHEN AUS WIE KLEINE RIBEYES. RIPPENKOTELETTS, WIE SIE HIER GENANNT WERDEN, WERDEN DURCH SCHNEIDEN ZWISCHEN DEN KNOCHEN EINES LAMMRÜCKENS HERGESTELLT. SIE SIND SEHR ZART UND HABEN EINEN ATTRAKTIVEN LANGEN KNOCHEN AN DER SEITE. SIE WERDEN OFT GEGRILLT ODER GEGRILLT SERVIERT. ECONOMY-SCHULTERKOTELETTS SIND ETWAS FETTIGER UND WENIGER ZART ALS DIE BEIDEN ANDEREN ARTEN. AM BESTEN BRÄUNEN SIE SIE UND BRATEN SIE DANN IN WEIN, BRÜHE UND TOMATEN ODER EINER KOMBINATION DAVON AN.

- 3 mittelgroße Karotten, grob geraspelt
- 2 kleine Süßkartoffeln, gerieben* oder grob gerieben
- ½ Tasse Paleo Mayo (vglVerschreibung)
- 2 Esslöffel frischer Zitronensaft
- 2 Teelöffel Senf nach Dijon-Art (vglVerschreibung)
- 2 Esslöffel gehackte frische Petersilie
- ½ Teelöffel schwarzer Pfeffer
- 8 Lammkeulenkoteletts, ½ bis ¾ Zoll dick geschnitten
- 2 Esslöffel geriebener frischer Salbei oder 2 Teelöffel zerstoßener getrockneter Salbei
- 2 Teelöffel gemahlener Ancho-Chili
- ½ TL Knoblauchpulver

1. Für die Remoulade Karotten und Süßkartoffeln in einer mittelgroßen Schüssel mischen. Mischen Sie in einer kleinen Schüssel Paleo Mayo, Zitronensaft, Dijon-Senf, Petersilie und schwarzen Pfeffer. Über Karotten und Süßkartoffeln gießen; werfen zu tragen. Abdecken und 1 bis 2 Stunden kühl stellen.

2. In der Zwischenzeit in einer kleinen Schüssel Salbei, Ancho-Chili und Knoblauchpulver mischen. Reiben Sie die Gewürzmischung über die Lammkeule.

3. Legen Sie für einen Holzkohlegrill oder Gasgrill Lammkoteletts auf einen direkten Grill bei mittlerer Hitze. Abdecken und 6 bis 8 Minuten für medium-rare (145°F) oder 10 bis 12 Minuten für medium (150°F) grillen, dabei einmal nach der Hälfte des Grillens wenden.

4. Die Lammkoteletts mit Remoulade servieren.

*Hinweis: Verwenden Sie eine Mandoline mit Julienne-Aufsatz, um die Süßkartoffeln in Scheiben zu schneiden.

LAMMBURGER GEFÜLLT AUS DEM GARTEN MIT PAPRIKA-COULIS

HAUSAUFGABEN:20 Minuten Ruhe: 15 Minuten Grill: 27 Minuten Ausbeute: 4 Portionen

COULIS IST NICHTS ANDERES ALS EINE EINFACHE, GLATTE SAUCE.AUS PÜRIERTEM OBST ODER GEMÜSE. EINE HELLE UND SCHÖNE PAPRIKASOßE FÜR DIESE LAMMBURGER BEKOMMT EINE DOPPELTE DOSIS RAUCH: VOM GRILL UND VON GERÄUCHERTEM PAPRIKA.

PAPRIKA-COULIS
1 große rote Paprika
1 Esslöffel trockener Weißweinessig oder Weißwein
1 TL Olivenöl
½ TL geräuchertes Paprikapulver

HAMBURGER
¼ Tasse schwefelfreie sonnengetrocknete Tomaten, in Streifen geschnitten
¼ Tasse zerkleinerte Zucchini
1 EL gehackter frischer Basilikum
2 TL Olivenöl
½ Teelöffel schwarzer Pfeffer
1½ Pfund Lamm
1 Eiweiß, leicht geschlagen
1 EL mediterrane Gewürze (vgl<u>Verschreibung</u>)

1. Für das Paprikacoulis rote Paprika bei mittlerer Hitze direkt auf den Grill legen. Abdecken und 15 bis 20 Minuten grillen oder bis sie verkohlt und sehr zart sind, die Paprikaschoten alle 5 Minuten wenden, damit sie auf jeder Seite verkohlen. Vom Grill nehmen und sofort in einen Papier- oder Folienbeutel legen, um die Paprika

vollständig zu versiegeln. 15 Minuten stehen lassen oder bis es kühl genug zum Anfassen ist. Verwenden Sie ein scharfes Messer, um die Haut vorsichtig zu entfernen und zu entsorgen. Paprika längs vierteln und Stiele, Kerne und Häutchen entfernen. Kombinieren Sie geröstete Paprika, Wein, Olivenöl und geräuchertes Paprikapulver in einer Küchenmaschine. Abdecken und verarbeiten oder mixen, bis es glatt ist.

2. In der Zwischenzeit für die Füllung die getrockneten Tomaten in eine kleine Schüssel geben und mit kochendem Wasser bedecken. 5 Minuten einwirken lassen; abfließen Trocknen Sie die Tomaten und die geraspelte Zucchini mit einem Papiertuch. Kombinieren Sie Tomaten, Zucchini, Basilikum, Olivenöl und ¼ Teelöffel schwarzen Pfeffer in einer kleinen Schüssel; beiseite legen.

3. Lammfleisch, Eiweiß, ¼ Teelöffel schwarzen Pfeffer und mediterrane Gewürze in einer großen Schüssel mischen; gut mischen. Teilen Sie die Fleischmischung in acht gleiche Portionen und formen Sie jede in ¼ Zoll dicke Stücke. Gießen Sie Füllung in vier der Torten; Mit den restlichen Patties belegen, die Ränder zusammendrücken, um die Füllung zu versiegeln.

4. Legen Sie die Kuchen bei mittlerer Hitze direkt auf den Grill. Abdecken und 12 bis 14 Minuten grillen oder bis es fertig ist (160 °F), nach der Hälfte des Grillens einmal wenden.

5. Zum Servieren die Burger mit Paprika-Coulis belegen.

LAMMSPIEßE MIT DOPPELTEM OREGANO UND TZATZIKI-SAUCE

TAUCHEN:30 Minuten Zubereitung: 20 Minuten Kühlen: 30 Minuten Grillen: 8 Minuten Ergiebigkeit: 4 Portionen

DIESE LAMMKEULEN SIND ES IN DER TATWAS IM MITTELMEERRAUM UND IM NAHEN OSTEN ALS KOFTA BEKANNT IST: GEWÜRZTES HACKFLEISCH (NORMALERWEISE LAMM ODER RIND) WIRD ZU BÄLLCHEN ODER UM SPIEßE GEFORMT UND DANN GEGRILLT. FRISCHER UND GETROCKNETER OREGANO VERLEIHT IHNEN EINEN GROßARTIGEN GRIECHISCHEN GESCHMACK.

8 10-Zoll-Holzspieße

LAMMKEULE

1½ Pfund mageres Lamm

1 kleine Zwiebel, gerieben und getrocknet

1 Esslöffel frischer Oregano in Streifen geschnitten

2 Teelöffel getrockneter Oregano, zerdrückt

1 TL schwarzer Pfeffer

TZATZIKI SAUCE

1 Tasse Paleo Mayo (vglVerschreibung)

½ einer großen Gurke, entkernt, gerieben und getrocknet

2 Esslöffel frischer Zitronensaft

1 gehackte Knoblauchzehe

1. Spieße in ausreichend Wasser einweichen, um sie 30 Minuten lang zu bedecken.

2. Für das Lamm das Hackfleisch, die Zwiebel, den frischen und getrockneten Oregano und den Pfeffer in einer großen Schüssel mischen; gut mischen. Teilen Sie die

Lammmischung in acht gleiche Portionen. Formen Sie jeden Abschnitt um die Hälfte des Spießes und machen Sie einen 5 x 1 Zoll großen Stamm. Abdecken und mindestens 30 Minuten kühl stellen.

3. In der Zwischenzeit für die Tzatziki-Sauce Paleo Mayo, Gurke, Zitronensaft und Knoblauch in einer kleinen Schüssel mischen. Bis zum Servieren abdecken und kühl stellen.

4. Bei einem Holzkohle- oder Gasgrill legen Sie die Lammkeule bei mittlerer Hitze direkt auf den Grill. Abdecken und ca. 8 Minuten bei mittlerer Hitze (160°F) grillen, dabei nach der Hälfte des Grillvorgangs einmal wenden.

5. Lammkeule mit Tzatziki-Sauce servieren.

GEGRILLTES HÄHNCHEN MIT SAFRAN UND ZITRONE

HAUSAUFGABEN:15 Minuten Kühlen: 8 Stunden Braten: 1 Stunde 15 Minuten Ruhen: 10 Minuten Ergiebigkeit: 4 Portionen

SAFRAN SIND GETROCKNETE STAUBBLÄTTEREINER ART KROKUSBLÜTE. ES IST TEUER, ABER EIN WENIG GEHT EINEN LANGEN WEG. ES VERLEIHT DIESEM KNUSPRIGEN HÜHNCHEN MIT HAUT SEINE UNVERWECHSELBARE ERDIGKEIT UND SCHÖNE GELBE FARBE.

- 1 ganzes Huhn 4 bis 5 Pfund
- 3 Esslöffel Olivenöl
- 6 Knoblauchzehen, zerdrückt und geschält
- 1½ EL fein abgeriebene Zitronenschale
- 1 Esslöffel frischer Thymian
- 1½ TL gemahlener schwarzer Pfeffer
- ½ Teelöffel Safranfäden
- 2 Lorbeerblätter
- 1 Zitrone in Viertel geschnitten

1. Hals und Innereien vom Huhn entfernen; werfen Sie es weg oder bewahren Sie es für eine andere Verwendung auf. Spülen Sie die Körperhöhle des Huhns aus; mit einem Papiertuch trocknen. Entfernen Sie überschüssige Haut oder Fett vom Huhn.

2. Kombinieren Sie Olivenöl, Knoblauch, Zitronenschale, Thymian, Pfeffer und Safran in einer Küchenmaschine. Zu einem glatten Teig verarbeiten.

3. Reiben Sie den Teig mit den Fingern über die Außenfläche des Hähnchens und den inneren Hohlraum. Hühnchen in

eine große Schüssel geben; abdecken und mindestens 8 Stunden oder über Nacht kühl stellen.

4. Backofen auf 425 °F vorheizen. Zitronenviertel und Lorbeerblätter in die Hähnchenhöhle geben. Binden Sie die Beine mit Küchengarn aus 100 % Baumwolle zusammen. Legen Sie die Flügel unter das Huhn. Führen Sie ein Fleischthermometer in die Oberschenkelmuskulatur ein, ohne den Knochen zu berühren. Legen Sie das Hähnchen auf einen Rost in einer großen ofenfesten Form.

5. 15 Minuten grillen. Reduzieren Sie die Ofentemperatur auf 375 ° F. Braten Sie etwa 1 Stunde länger oder bis der Saft klar ist und ein Thermometer 175 ° F anzeigt. Das Hähnchen in Alufolie einwickeln. Vor dem Schneiden 10 Minuten ruhen lassen.

SPATCHCOCKED CHICKEN MIT JICAMA-SALAT

HAUSAUFGABEN:40 Minuten Grillen: 1 Stunde 5 Minuten Ruhen: 10 Minuten Ausbeute: 4 Portionen

"SPATCHCOCK" IST EIN ALTER KULINARISCHER BEGRIFFDER VOR KURZEM WIEDER VERWENDET WURDE, UM DEN PROZESS ZU BESCHREIBEN, EINEN KLEINEN VOGEL, WIE EIN HUHN ODER EINE KORNISCHE HENNE, AUF DEN RÜCKEN ZU LEGEN UND IHN DANN WIE EIN BUCH ZU ÖFFNEN UND ZU GLÄTTEN, DAMIT ER SCHNELLER UND GLEICHMÄßIGER GART. ES ÄHNELT DEM SCHMETTERLINGSFLUG, BEZIEHT SICH ABER NUR AUF GEFLÜGEL.

HUHN

- 1 Poblano-Chili
- 1 Esslöffel fein gehackte Schalotte
- 3 Knoblauchzehen gehackt
- 1 Teelöffel fein abgeriebene Zitronenschale
- 1 Teelöffel fein geriebene Limettenschale
- 1 Teelöffel Räuchergewürz (vglVerschreibung)
- ½ Teelöffel getrockneter Oregano, zerdrückt
- ½ Teelöffel gemahlener Kreuzkümmel
- 1 Esslöffel Olivenöl
- 1 ganzes Huhn 3 bis 3½ Pfund

KRAUTSALAT

- ½ mittelgroße Jicama, geschält und gerieben (ca. 3 Tassen)
- ½ Tasse dünn geschnittene rote Zwiebel (4)
- 1 Granny-Smith-Apfel, geschält, entkernt und gehackt
- ⅓ Tasse gehackter frischer Koriander
- 3 Esslöffel frischer Orangensaft

3 Esslöffel Olivenöl

1 Teelöffel Zitronen-Kräuter-Gewürz (vgl<u>Verschreibung</u>)

1. Legen Sie bei einem Holzkohlegrill ziemlich heiße Kohlen auf eine Seite des Grills. Stellen Sie eine Tropfschale unter die leere Seite des Grills. Legen Sie den Poblano direkt über die mittelheißen Kohlen auf den Grillrost. Abdecken und 15 Minuten lang grillen oder bis Poblano auf allen Seiten verkohlt ist, gelegentlich wenden. Wickeln Sie den Poblano sofort in Folie ein; 10 Minuten ruhen lassen. Folie öffnen und Poblano längs halbieren; Stängel und Samen entfernen (vgl<u>mager</u>). Verwenden Sie ein scharfes Messer, um die Haut vorsichtig zu entfernen und zu entsorgen. Den Poblano fein hacken. (Bei Gasgrills Grill vorheizen; Hitze auf mittlere Stufe reduzieren. Auf indirektes Garen einstellen. Wie oben beschrieben über angezündetem Brenner grillen.)

2. Für das Dressing Poblano, Schalotten, Knoblauch, Zitronenschale, Limettenschale, Räuchergewürz, Oregano und Kreuzkümmel in einer kleinen Schüssel mischen. Fügen Sie das Öl hinzu; gut mischen, um eine Paste zu machen.

3. Zum Verteilen des Hähnchens den Hals und die Innereien entfernen (für eine andere Verwendung aufbewahren). Legen Sie die Hähnchenbrust mit der Seite nach unten auf das Schneidebrett. Machen Sie mit einer Küchenschere einen Längsschnitt auf einer Seite des Rückens, beginnend am Ende des Halses. Wiederholen Sie den Längsschnitt auf der gegenüberliegenden Seite der Wirbelsäule. Entfernen und entsorgen Sie die Wirbelsäule. Das Hähnchen mit der Hautseite nach oben legen. Drücken Sie

zwischen den Brüsten nach unten, um das Brustbein zu brechen, damit das Huhn flach liegt.

4. Beginnen Sie am Hals auf einer Seite der Brust, fahren Sie mit den Fingern zwischen Haut und Fleisch und lösen Sie die Haut, während Sie sich zum Oberschenkel vorarbeiten. Lösen Sie die Haut um den Oberschenkel. Auf der anderen Seite wiederholen. Verteile den Rub mit den Fingern auf dem Fleisch unter der Haut des Hähnchens.

5. Legen Sie das Hähnchen mit der Brustseite nach unten auf einen Rost über einer Fettpfanne. Gewicht mit zwei mit Alufolie umwickelten Steinen oder einer großen Gusseisenpfanne. Abdecken und 30 Minuten grillen. Legen Sie das Hähnchen mit der Knochenseite nach unten auf ein Gitter und wiegen Sie es erneut mit Ziegeln oder einer Pfanne. Zugedeckt etwa 30 Minuten länger grillen oder bis das Huhn nicht mehr rosa ist (175 °F im Oberschenkelmuskel). Huhn vom Grill nehmen; 10 Minuten ruhen lassen. (Bei Gasgrills Hähnchen fern von Hitze auf den Grill legen. Wie oben beschrieben grillen.)

6. In der Zwischenzeit für den Salat Jicama, Frühlingszwiebel, Apfel und Koriander in einer großen Schüssel mischen. Orangensaft, Öl und Zitronenschale in einer kleinen Schüssel vermischen. Gießen Sie die Jicama-Mischung darüber und werfen Sie sie zum Überziehen. Das Huhn mit dem Salat servieren.

GEGRILLTE HÄHNCHENKEULEN MIT WODKA, KAROTTEN UND TOMATENSAUCE

HAUSAUFGABEN:15 Minuten kochen: 15 Minuten braten: 30 Minuten Ausbeute: 4 Portionen

WODKA KANN AUS EINER VIELZAHL VON ZUTATEN HERGESTELLT WERDENVERSCHIEDENE LEBENSMITTEL, WIE KARTOFFELN, MAIS, ROGGEN, WEIZEN UND GERSTE, SOGAR WEINTRAUBEN. OBWOHL DIESE SAUCE NICHT VIEL WODKA ENTHÄLT, WENN SIE SIE IN VIER PORTIONEN AUFTEILEN, SUCHEN SIE NACH WODKA AUS KARTOFFELN ODER TRAUBEN, UM SIE PALEO-KOMPATIBEL ZU MACHEN.

- 3 Esslöffel Olivenöl
- 4 Hähnchenhinterviertel ohne Knochen oder fleischige Hähnchenstücke, Haut entfernt
- 1 28-Unzen-Dose ohne Salz hinzugefügte Eiertomaten, abgetropft
- ½ Tasse fein gehackte Zwiebel
- ½ Tasse fein gehackte Karotte
- 3 Knoblauchzehen gehackt
- 1 TL mediterrane Gewürze (vglVerschreibung)
- ⅛ Teelöffel Cayennepfeffer
- 1 Zweig frischer Rosmarin
- 2 Esslöffel Wodka
- 1 Esslöffel gehackter frischer Basilikum (optional)

1. Backofen auf 375 °F vorheizen. 2 Esslöffel Öl in einer extragroßen Pfanne bei mittlerer bis hoher Hitze erhitzen. Fügen Sie Huhn hinzu; Kochen Sie etwa 12 Minuten oder bis sie braun sind und gleichmäßig braun werden. Stellen

Sie die Pfanne in den vorgeheizten Ofen. Ohne Deckel 20 Minuten grillen.

2. In der Zwischenzeit für die Sauce die Tomaten mit einer Küchenschere schneiden. In einem mittelgroßen Topf den restlichen Esslöffel Öl bei mittlerer Hitze erhitzen. Zwiebel, Karotte und Knoblauch hinzufügen; kochen 3 Minuten oder bis sie weich sind, oft umrühren. Fügen Sie gewürfelte Tomaten, mediterrane Gewürze, Cayennepfeffer und einen Zweig Rosmarin hinzu. Bei mittlerer Hitze zum Kochen bringen; Fieber senken. Ohne Deckel 10 Minuten köcheln lassen, gelegentlich umrühren. Wodka hinzufügen; kochen Sie 1 Minute mehr; Rosmarinzweig entfernen und wegwerfen.

3. Sauce über Hähnchen in der Pfanne servieren. Stellen Sie die Pfanne wieder in den Ofen. Zugedeckt etwa 10 Minuten länger grillen oder bis das Hähnchen weich und nicht mehr rosa ist (175 °F). Nach Belieben mit Basilikum bestreuen.

POULET RÔTI UND RUTABAGA FRITES

HAUSAUFGABEN:Gebacken in 40 Minuten: 40 Minuten Ausbeute: 4 Portionen

KNUSPRIGE STECKRÜBEN-POMMES SIND KÖSTLICHSERVIERT MIT DEM BRATHÄHNCHEN UND DEN DAZUGEHÖRIGEN KOCHSÄFTEN, SIND ABER GENAUSO LECKER PUR ZUBEREITET UND MIT PALEO-KETCHUP SERVIERT (VGLVERSCHREIBUNG) ODER NACH BELGISCHER ART MIT PALEO ALIOLI (KNOBLAUCHMAYONNAISE, VGLVERSCHREIBUNG).

6 Esslöffel Olivenöl

1 EL mediterrane Gewürze (vglVerschreibung)

4 Hähnchenschenkel ohne Knochen und ohne Haut (insgesamt etwa 1 ¼ Pfund)

4 Hähnchenschenkel ohne Haut (ca. 1 Pfund insgesamt)

1 Tasse trockener Weißwein

1 Tasse Hühnerknochenbrühe (vglVerschreibung) oder ungesalzene Hühnerbrühe

1 kleine Zwiebel, geviertelt

Olivenöl

1½ bis 2 Pfund Reisegepäck

2 EL frischer Schnittlauch in Streifen geschnitten

Schwarzer Pfeffer

1. Ofen auf 400 °F vorheizen. In einer kleinen Schüssel 1 Esslöffel Olivenöl und mediterrane Gewürze vermischen; Hähnchenstücke damit einreiben. 2 Esslöffel Öl in einer extra großen ofenfesten Pfanne erhitzen. Fügen Sie die Hähnchenteile mit der Fleischseite nach unten hinzu. Cook, unbedeckt, etwa 5 Minuten oder bis sie goldbraun sind. Pfanne vom Herd nehmen. Drehen Sie die Hähnchenteile um, mit der gebräunten Seite nach oben. Fügen Sie Wein, Hühnerknochenbrühe und Zwiebel hinzu.

2. Stellen Sie die Pfanne auf der mittleren Schiene in den Ofen. Ohne Deckel 10 Minuten backen.

3. In der Zwischenzeit für die Kartoffeln ein großes Backblech leicht mit Olivenöl bepinseln; beiseite legen. Busgepäck abziehen. Schneide die Steckrüben mit einem scharfen Messer in ½ cm dicke Scheiben. Längs in ½ cm breite Streifen schneiden. In einer großen Schüssel die Steckrübenstreifen mit den restlichen 3 Esslöffeln Öl vermischen. Steckrübenstreifen in einer Schicht auf dem vorbereiteten Backblech verteilen; auf der obersten Schiene in den Ofen schieben. 15 Minuten backen; Pommes wenden Hähnchen weitere 10 Minuten backen oder bis es nicht mehr rosa ist (175°F). Nimm das Huhn aus dem Ofen. Backen Sie die Chips für 5 bis 10 Minuten oder bis sie goldbraun und zart sind.

4. Hähnchen und Zwiebel aus der Pfanne nehmen, Saft aufheben. Decken Sie das Huhn und die Zwiebeln ab, um sie warm zu halten. Bei mittlerer Hitze zum Kochen bringen; Fieber senken. Ohne Deckel weitere 5 Minuten köcheln lassen oder bis der Saft leicht reduziert ist.

5. Zum Servieren die Pommes mit Schnittlauch mischen und mit Pfeffer würzen. Hähnchen mit Bratensaft und Pommes servieren.

DREI PILZE COQ AU VIN MIT STECKRÜBENPÜREE

HAUSAUFGABEN:15 Minuten Kochzeit: 1 Stunde 15 Minuten Ausbeute: 4 bis 6 Portionen

WENN SAND IN DER SCHÜSSEL ISTNACHDEM SIE DIE GETROCKNETEN PILZE EINGEWEICHT HABEN, UND ES WERDEN WAHRSCHEINLICH WELCHE VORHANDEN SEIN, GIEßEN SIE DIE FLÜSSIGKEIT DURCH EINE DOPPELTE SCHICHT KÄSETUCH, DAS IN EIN FEINMASCHIGES SIEB GELEGT WIRD.

- 1 Unze getrocknete Pilze oder Morcheln
- 1 Tasse kochendes Wasser
- 2 bis 2½ Pfund Hähnchenkeulen und -schenkel, Haut entfernt
- Schwarzer Pfeffer
- 2 Esslöffel Olivenöl
- 2 mittelgroße Lauchstangen, längs halbiert, gespült und in dünne Scheiben geschnitten
- 2 Portobello-Pilze, in Scheiben geschnitten
- 8 Unzen frische Austernpilze, geschält und in Scheiben geschnitten, oder frische Champignons, in Scheiben geschnitten
- ¼ Tasse Tomatenmark ohne Salz
- 1 Teelöffel getrockneter Majoran, zerdrückt
- ½ Teelöffel getrockneter Thymian, zerstoßen
- ½ Tasse trockener Rotwein
- 6 Tassen Hühnerknochenbrühe (vgl_Verschreibung_) oder ungesalzene Hühnerbrühe
- 2 Lorbeerblätter
- 2 bis 2½ Pfund Steckrüben, geschält und gehackt
- 2 EL frischer Schnittlauch in Streifen geschnitten
- ½ Teelöffel schwarzer Pfeffer
- gehackter frischer Thymian (optional)

1. Kombinieren Sie in einer kleinen Schüssel Pilze und kochendes Wasser; 15 Minuten ruhen lassen.

Champignons herausnehmen, Einweichflüssigkeit auffangen. Die Pilze hacken. Pilze und Einweichflüssigkeit beiseite stellen.

2. Hühnchen über Pfeffer streuen. Erhitzen Sie 1 Esslöffel Olivenöl bei mittlerer Hitze in einer extra großen Pfanne mit dicht schließendem Deckel. Hähnchenteile in zwei Portionen in heißem Öl ca. 15 Minuten garen, bis sie leicht gebräunt sind, dabei einmal wenden. Das Huhn aus der Pfanne nehmen. Lauch, Portobello-Pilze und Austernpilze dazugeben. 4 bis 5 Minuten kochen oder bis die Pilze anfangen zu bräunen, dabei gelegentlich umrühren. Tomatenmark, Majoran und Thymian zugeben; 1 Minute kochen und umrühren. Fügen Sie den Wein hinzu; 1 Minute kochen und umrühren. Fügen Sie 3 Tassen Hühnerknochenbrühe, Lorbeerblätter, ½ Tasse Pilzeinweichflüssigkeit und rehydrierte Pilze hinzu. Das Hähnchen wieder in die Pfanne geben. Zum Kochen bringen; Fieber senken. Zugedeckt bei schwacher Hitze garen,

3. In der Zwischenzeit in einem großen Topf die Steckrüben und die restlichen 3 Tassen Brühe mischen. Wenn nötig, fügen Sie Wasser hinzu, um die Steckrüben zu bedecken. Zum Kochen bringen; Fieber senken. Ohne Deckel 25 bis 30 Minuten köcheln lassen oder bis die Steckrüben weich sind, dabei gelegentlich umrühren. Steckrüben abgießen, Flüssigkeit auffangen. Stecken Sie die Steckrüben wieder in den Topf. Fügen Sie den restlichen 1 Esslöffel Olivenöl, die Frühlingszwiebel und ½ Teelöffel Pfeffer hinzu. Verwenden Sie einen Kartoffelstampfer, um die Rübenmischung zu zerdrücken, und fügen Sie nach Bedarf

Kochflüssigkeit hinzu, um die gewünschte Konsistenz zu erreichen.

4. Lorbeerblätter aus der Hühnermischung entfernen; wegwerfen Hähnchen und Soße über pürierten Steckrüben servieren. Nach Belieben mit frischem Thymian bestreuen.

PFIRSICH BRANDY GLASIERTE TROMMELSTÖCKE

HAUSAUFGABEN:30 Minuten grillen: 40 Minuten ergibt: 4 Portionen

DIESE HÜHNERFÜßE SIND PERFEKTMIT EINEM KNACKIGEN SALAT UND SCHARF GEBACKENEN SÜßKARTOFFEL-POMMES NACH DEM SCHARFEN TUNESISCHEN SCHWEINESCHULTER-REZEPT (VGLVERSCHREIBUNG). HIER GEZEIGT MIT EINEM KNACKIGEN KRAUTSALAT MIT RADIESCHEN, MANGO UND MINZE (VGLVERSCHREIBUNG).

PFIRSICH-BRANDY-GLASUR

- 1 Esslöffel Olivenöl
- ½ Tasse gehackte Zwiebel
- 2 mittelgroße frische Pfirsiche, halbiert, entsteint und gehackt
- 2 Esslöffel Weinbrand
- 1 Tasse BBQ-Sauce (vglVerschreibung)
- 8 Hähnchenschenkel (insgesamt 2 bis 2½ Pfund), Haut entfernt, falls gewünscht

1. Für die Glasur das Olivenöl in einem mittelgroßen Topf bei mittlerer Hitze erhitzen. Zwiebeln hinzufügen; Kochen Sie etwa 5 Minuten oder bis sie weich sind, gelegentlich umrühren. Fügen Sie die Pfirsiche hinzu. Abdecken und 4 bis 6 Minuten garen oder bis die Pfirsiche weich sind, dabei gelegentlich umrühren. Fügen Sie den Weinbrand hinzu; kochen, unbedeckt, 2 Minuten, gelegentlich umrühren. Etwas abkühlen lassen. Übertragen Sie die Pfirsichmischung in einen Mixer oder eine Küchenmaschine. Abdecken und mixen oder verarbeiten, bis es glatt ist. Die BBQ-Sauce hinzugeben. Abdecken und mixen oder verarbeiten, bis es glatt ist. Die Soße wieder in

den Topf geben. Bei mittlerer Hitze kochen, bis sie durchgeheizt sind. Übertragen Sie ¾ Tasse Sauce in eine kleine Schüssel, um das Huhn zu begießen. Halten Sie die restliche Sauce warm, um sie mit gegrilltem Hähnchen zu servieren.

2. Bei einem Holzkohlegrill die Holzkohle bei mittlerer Hitze um eine Fettpfanne legen. Bei mittlerer Hitze über der Tropfschale testen. Legen Sie die Hähnchenschenkel auf einen Grillrost über einer Fettpfanne. Abdecken und 40 bis 50 Minuten grillen oder bis das Huhn nicht mehr rosa ist (175 °F), nach der Hälfte der Zeit einmal wenden und die letzten 5 Minuten mit ¾ Tasse Brandy-Pfirsich-Glasur bestreichen. 10 Minuten braten. (Bei einem Gasgrill den Grill vorheizen. Hitze auf mittel reduzieren. Hitze für indirektes Garen einstellen. Hähnchenschenkel vom Herd zum Grill geben. Abdecken und wie angegeben grillen).

IN CHILE MARINIERTES HÄHNCHEN MIT MANGO-MELONEN-SALAT

HAUSAUFGABEN: 40 Minuten Kühlen / Marinieren: 2 bis 4 Stunden Grillen: 50 Minuten
Ergiebigkeit: 6 bis 8 Portionen

ANCHO CHILI IST EIN TROCKENER POBLANO— HELLER, DUNKELGRÜNER CHILI MIT EXTREM FRISCHEM GESCHMACK. ANCHO-CHILIS HABEN EINEN LEICHT FRUCHTIGEN GESCHMACK MIT EINEM HAUCH VON PFLAUME ODER ROSINE UND NUR EINEM HAUCH VON BITTERKEIT. CHILIS AUS NEW MEXICO KÖNNEN MÄßIG SCHARF SEIN. DIES SIND DIE TIEFROTEN CHILIS, DIE IN TEILEN DES SÜDWESTENS GRUPPIERT UND IN RISTRAS, FARBENFROHEN ARRANGEMENTS AUS GETROCKNETEN CHILIS, AUFGEHÄNGT SIND.

HUHN

- 2 getrocknete Chilis aus New Mexico
- 2 getrocknete Ancho-Chilischoten
- 1 Tasse kochendes Wasser
- 3 Esslöffel Olivenöl
- 1 große süße Zwiebel, geschält und in dicke Scheiben geschnitten
- 4 Roma-Tomaten, entkernt
- 1 Esslöffel gehackter Knoblauch (6 Zehen)
- 2 Teelöffel gemahlener Kreuzkümmel
- 1 Teelöffel getrockneter Oregano, zerstoßen
- 16 Hähnchenschenkel

SALAT

- 2 Tassen gewürfelte Melone
- 2 Tassen gewürfelter Honigtau
- 2 Tassen geschnittene Mango
- ¼ Tasse frischer Limettensaft

1 Teelöffel Chilipulver

½ Teelöffel gemahlener Kreuzkümmel

¼ Tasse frischer Koriander, gehackt

1. Entfernen Sie für Hähnchen Stängel und Samen von getrockneten New Mexico- und Ancho-Paprikaschoten. Eine große Pfanne bei mittlerer Hitze erhitzen. Braten Sie die Chilis in einer Pfanne für 1 bis 2 Minuten oder bis sie duften und leicht geröstet sind. Geröstete Chilis in eine kleine Schüssel geben; kochendes Wasser in die Schüssel geben. Mindestens 10 Minuten oder bis zur Verwendung stehen lassen.

2. Den Grill vorheizen. Ein Backblech mit Alufolie auslegen; 1 EL Olivenöl auf Alufolie verteilen. Zwiebelscheiben und Tomaten in der Pfanne anrichten. Grillen Sie etwa 4 Zoll von der Hitze für 6 bis 8 Minuten oder bis sie zart und verkohlt sind. Chilis abgießen, Wasser auffangen.

3. Für die Marinade die Chilis, Zwiebeln, Tomaten, Knoblauch, Kreuzkümmel und Oregano in einem Mixer oder einer Küchenmaschine mischen. Abdecken und pürieren oder verarbeiten, bis es glatt ist, wobei nach Bedarf reserviertes Wasser hinzugefügt wird, um es auf die gewünschte Konsistenz zu pürieren.

4. Legen Sie das Hähnchen in einen großen wiederverschließbaren Plastikbeutel in eine flache Schüssel. Gießen Sie die Marinade über das Huhn in einem Beutel und drehen Sie den Beutel um, um es gleichmäßig zu beschichten. Im Kühlschrank 2 bis 4 Stunden marinieren, dabei den Beutel gelegentlich wenden.

5. Für den Salat in einer extra großen Schüssel Melone, Honigmelone, Mango, Limettensaft, 2 Esslöffel Olivenöl, Chilipulver, Kreuzkümmel und restlichen Koriander vermischen. Zum Überziehen werfen. Abdecken und 1 bis 4 Stunden kühl stellen.

6. Bei einem Holzkohlegrill die Holzkohle bei mittlerer Hitze um eine Fettpfanne legen. Bei mittlerer Hitze in einer Pfanne testen. Das Hähnchen abtropfen lassen, die Marinade aufbewahren. Legen Sie das Hähnchen auf den Grill über einer Fettpfanne. Das Hähnchen großzügig mit etwas Marinade bestreichen (überschüssige Marinade wegwerfen). Decken Sie es ab und grillen Sie es 50 Minuten lang oder bis das Huhn nicht mehr rosa ist (175 °F). Wenden Sie es nach der Hälfte des Grillvorgangs einmal. (Bei Gasgrill Grill vorheizen. Hitze auf mittlere Stufe reduzieren. Auf indirektes Garen einstellen. Wie angegeben vorgehen, Hähnchen bei schwacher Hitze platzieren.) Hähnchenschenkel mit Salat servieren.

HÄHNCHENSCHENKEL IM TANDOORI-STIL MIT GURKEN-RAITA

HAUSAUFGABEN:20 Minuten Marinieren: 2 bis 24 Stunden Grillen: 25 Minuten
Ausbeute: 4 Portionen

RAITA WIRD MIT CASHEWNÜSSEN HERGESTELLT.SAHNE, ZITRONENSAFT, MINZE, KORIANDER UND GURKE. BIETET EINEN ERFRISCHENDEN KONTRAPUNKT ZU WÜRZIGEM, SCHARFEM HÄHNCHEN.

HUHN

- 1 Zwiebel, in dünne Streifen geschnitten
- 1 2-Zoll-Stück frischer Ingwer, geschält und geviertelt
- 4 Knoblauchzehen
- 3 Esslöffel Olivenöl
- 2 Esslöffel frischer Zitronensaft
- 1 Teelöffel gemahlener Kreuzkümmel
- 1 Teelöffel gemahlene Kurkuma
- ½ TL gemahlener Pfeffer
- ½ Teelöffel gemahlener Zimt
- ½ Teelöffel schwarzer Pfeffer
- ¼ Teelöffel Cayennepfeffer
- 8 Hähnchenschenkel

GURKE RAITA

- 1 Tasse Cashewcreme (vglVerschreibung)
- 1 Esslöffel frischer Zitronensaft
- 1 EL gehackte frische Minze
- 1 Esslöffel frischer Koriander in Streifen geschnitten
- ½ Teelöffel gemahlener Kreuzkümmel
- ⅛ Teelöffel schwarzer Pfeffer
- 1 mittelgroße Gurke, geschält, entkernt und gewürfelt (1 Tasse)
- Zitronenscheiben

1. Kombinieren Sie Zwiebel, Ingwer, Knoblauch, Olivenöl, Zitronensaft, Kreuzkümmel, Kurkuma, Piment, Zimt, schwarzen Pfeffer und Cayennepfeffer in einem Mixer oder einer Küchenmaschine. Abdecken und mixen oder verarbeiten, bis es glatt ist.

2. Stechen Sie mit der Spitze eines Küchenmessers vier- oder fünfmal in jede Keule. Legen Sie die Unterkeulen in einen großen wiederverschließbaren Plastikbeutel, der in eine große Schüssel gelegt wird. Zwiebelmischung hinzufügen; 2 bis 24 Stunden im Kühlschrank marinieren, dabei den Beutel gelegentlich wenden.

3. Den Grill vorheizen. Hähnchen aus der Marinade nehmen. Verwenden Sie Papiertücher, um überschüssige Marinade von den Keulen abzuwischen. Legen Sie die Riegel auf einen Rost in eine unbeheizte Bratpfanne oder auf ein mit Alufolie ausgelegtes Backblech. Grill 6 bis 8 Zoll von der Wärmequelle für 15 Minuten. Kehre die Trommelwirbel um; Etwa 10 Minuten braten oder bis das Huhn nicht mehr rosa ist (175 °F).

4. Für die Raita Cashewcreme, Limettensaft, Minze, Koriander, Kreuzkümmel und schwarzen Pfeffer in einer mittelgroßen Schüssel mischen. Gurke vorsichtig hinzufügen.

5. Hähnchen mit Raita und Zitronenschnitzen servieren.

HÜHNER-CURRY-EINTOPF MIT WURZELGEMÜSE, SPARGEL UND GRÜNEM APFEL-MINZE-GESCHMACK

HAUSAUFGABEN:30 Minuten Kochen: 35 Minuten Ruhen: 5 Minuten Ausbeute: 4 Portionen

2 Esslöffel raffiniertes Kokosöl oder Olivenöl
2 Pfund Hähnchenbrust mit Knochen, auf Wunsch ohne Haut
1 Tasse gehackte Zwiebel
2 Esslöffel geriebener frischer Ingwer
2 Esslöffel gehackter Knoblauch
2 Esslöffel ungesalzenes Currypulver
2 Esslöffel gehackte und entkernte Jalapeños (vglmager)
4 Tassen Hühnerknochenbrühe (vglVerschreibung) oder ungesalzene Hühnerbrühe
2 mittelgroße Süßkartoffeln (ca. 1 Pfund), geschält und gehackt
2 mittelgroße Rüben (ca. 6 Unzen), geschält und gehackt
1 Tasse Tomaten, entkernt und gewürfelt
8 Unzen Spargel, getrimmt und in 1-Zoll-Stücke geschnitten
1 13,5-Unzen-Dose normale Kokosmilch (wie Nature's Way)
½ Tasse frischer Koriander in Streifen geschnitten
Apfel-Minz-Dressing (vglVerschreibung, unter)
Zitronenscheiben

1. Erhitzen Sie Öl bei mittlerer Hitze in einem 6-Liter-Feuertopf. Braten Sie das Huhn portionsweise in heißem Öl an, bis es gleichmäßig gebräunt ist, etwa 10 Minuten lang. Übertragen Sie Huhn auf Teller; beiseite legen.

2. Hitze auf mittlere Stufe stellen. Zwiebel, Ingwer, Knoblauch, Currypulver und Jalapeño in den Topf geben. Koche und rühre für 5 Minuten oder bis die Zwiebel weich wird. Fügen Sie Hühnerknochenbrühe, Süßkartoffeln, Kohlrabi

und Tomaten hinzu. Legen Sie die Hähnchenteile zurück in den Topf und versuchen Sie, das Hähnchen in so viel Flüssigkeit wie möglich zu tauchen. Reduziere die Hitze auf mittel-niedrig. Zugedeckt 30 Minuten köcheln lassen oder bis das Huhn nicht mehr rosa und das Gemüse weich ist. Spargel, Kokosmilch und Koriander dazugeben. Von der Hitze nehmen. 5 Minuten einwirken lassen. Schneiden Sie das Hühnchen bei Bedarf von den Knochen, um es gleichmäßig auf die Schüsseln zu verteilen. Mit Apfel-Minz-Sauce und Limettenschnitzen servieren.

Apfel-Minz-Dressing: In einer Küchenmaschine ½ Tasse ungesüßte Kokosflocken zermahlen, bis sie krümelig sind. Fügen Sie 1 Tasse frische Korianderblätter hinzu und dämpfen Sie; 1 Tasse frische Minzblätter; 1 Granny-Smith-Apfel, entkernt und gehackt; 2 Teelöffel gehackte und entkernte Jalapeños (vgl mager); und 1 Esslöffel frischer Zitronensaft. Pulsieren bis fein gehackt.

GEGRILLTER HÜHNERSALAT MIT HIMBEEREN, ROTE BETE UND GERÖSTETEN MANDELN

HAUSAUFGABEN:30 Minuten Braten: 45 Minuten Mariniert: 15 Minuten Grill: 8 Minuten Ausbeute: 4 Portionen

½ Tasse ganze Mandeln

1½ TL Olivenöl

1 mittelgroße Rote Bete

1 mittelgoldene Rote Bete

2 6- bis 8-Unzen knochenlose, hautlose Hähnchenbrusthälften

2 Tassen frische oder gefrorene Himbeeren, aufgetaut

3 Esslöffel Rot- oder Weißweinessig

2 Esslöffel frischer Estragon in Streifen geschnitten

1 Esslöffel gehackte Schalotten

1 Teelöffel Senf nach Dijon-Art (sVerschreibung)

¼ Tasse Olivenöl

Schwarzer Pfeffer

8 Tassen gemischtes Gemüse

1. Für die Mandeln den Backofen auf 200 °C vorheizen. Mandeln auf einem kleinen Backblech verteilen und mit ½ Teelöffel Olivenöl vermengen. Backen Sie für ungefähr 5 Minuten oder bis duftend und golden. Abkühlen lassen. (Mandeln können 2 Tage im Voraus geröstet und in einem luftdichten Behälter aufbewahrt werden.)

2. Für die Rüben jede Rübe auf ein kleines Stück Alufolie legen und jeweils ½ Teelöffel Olivenöl darüber träufeln. Alufolie locker um die Rote Beete wickeln und auf ein Backblech oder eine Auflaufform legen. Rösten Sie die Rüben im Ofen bei 400 ° F für 40 bis 50 Minuten oder bis sie gerade weich sind, wenn Sie sie mit einem Messer durchbohren.

Aus dem Ofen nehmen und ruhen lassen, bis er kühl genug zum Anfassen ist. Entfernen Sie die Haut mit einem Küchenmesser. Die Rübe in Würfel schneiden und aufbewahren. (Vermeiden Sie das Mischen von Rüben, um zu verhindern, dass Rüben gebräunte Rüben färben. Rüben können 1 Tag im Voraus geröstet und gekühlt werden. Vor dem Servieren auf Raumtemperatur bringen.)

3. Schneiden Sie jede Hähnchenbrust für das Huhn horizontal in zwei Hälften. Legen Sie jedes Hühnchenstück zwischen zwei Stücke Plastikfolie. Mit einem Fleischklopfer vorsichtig auf eine Dicke von etwa einem Zoll klopfen. Legen Sie das Huhn in eine flache Schüssel und stellen Sie es beiseite.

4. Für die Vinaigrette ¾ Tasse der Himbeeren in einer großen Schüssel mit einem Schneebesen leicht pürieren (die restlichen Himbeeren für den Salat aufbewahren). Essig, Estragon, Schalotten und Dijon-Senf hinzufügen; schlagen zu mischen. Fügen Sie ¼ Tasse Olivenöl in einem dünnen Strahl hinzu und schlagen Sie gut um. Gießen Sie ½ Tasse Vinaigrette über das Huhn; Wenden Sie das Huhn zum Panieren (reservieren Sie die restliche Vinaigrette für den Salat). Lassen Sie das Hähnchen 15 Minuten bei Raumtemperatur marinieren. Das Huhn aus der Marinade nehmen und mit Pfeffer bestreuen; Den Rest der Marinade in eine Schüssel geben.

5. Für einen Holzkohlegrill oder Gasgrill legen Sie das Hähnchen bei mittlerer Hitze auf einen direkten Grill. Decken Sie es ab und grillen Sie es 8 bis 10 Minuten lang

oder bis das Huhn nicht mehr rosa ist. Wenden Sie es nach der Hälfte des Grillvorgangs einmal. (Das Hähnchen kann auch auf einer Grillpfanne zubereitet werden.)

6. Kombinieren Sie in einer großen Schüssel Salat, Rüben und die restlichen 1¼ Tassen Himbeeren. Gießen Sie reservierte Vinaigrette über Salat; sanft schwenken, um es zu beschichten. Salat auf vier Teller verteilen; Jeweils mit einem Stück gegrillter Hähnchenbrust belegen. Die gerösteten Mandeln in große Stücke hacken und darüber streuen. Sofort servieren.

HÄHNCHENBRUST GEFÜLLT MIT BROCCOLI MIT FRISCHER TOMATENSAUCE UND CAESAR SALAD

HAUSAUFGABEN:40 Minuten Kochzeit: 25 Minuten Ergiebigkeit: 6 Portionen

3 Esslöffel Olivenöl

2 Teelöffel gehackter Knoblauch

¼ TL zerstoßener roter Pfeffer

1 Pfund Brokkoli-Raab, getrimmt und gehackt

½ Tasse ungeschwefelte goldene Rosinen

½ Tasse Wasser

4 knochenlose Hähnchenbrusthälften ohne Haut, 5 bis 6 Unzen

1 Tasse gehackte Zwiebel

3 Tassen gehackte Tomaten

¼ Tasse gehackter frischer Basilikum

2 Teelöffel Rotweinessig

3 Esslöffel frischer Zitronensaft

2 Esslöffel Paleo Mayo (vglVerschreibung)

2 Teelöffel Senf nach Dijon-Art (vglVerschreibung)

1 Teelöffel gehackter Knoblauch

½ Teelöffel schwarzer Pfeffer

¼ Tasse Olivenöl

10 Tassen gehackter Römersalat

1. 1 Esslöffel Olivenöl in einer großen Pfanne bei mittlerer bis hoher Hitze erhitzen. Fügen Sie Knoblauch und gehackte Paprika hinzu; kochen und 30 Sekunden lang umrühren oder bis es duftet. Gehackten Brokkoli, Rosinen und ½ Tasse Wasser hinzufügen. Abdecken und ca. 8 Minuten garen oder bis der Brokkoli weich und zart ist. Entfernen Sie den Deckel von der Pfanne; überschüssiges Wasser verdunsten lassen. Beiseite legen.

2. Für Brötchen jede Hähnchenbrust der Länge nach halbieren; Legen Sie jedes Stück zwischen zwei Lagen Plastikfolie. Mit der glatten Seite eines Fleischhammers das Hähnchen leicht klopfen, bis es etwa ¼ Zoll dick ist. Legen Sie für jede Rolle etwa ¼ Tasse der Brokkoli-Krabben-Mischung auf eines der kurzen Enden; aufrollen, zur Seite falten, um die Füllung vollständig zu umschließen. (Brötchen können bis zu 1 Tag im Voraus zubereitet und bis zum Kochen gekühlt werden.)

3. 1 Esslöffel Olivenöl in einer großen Pfanne bei mittlerer bis hoher Hitze erhitzen. Die Rollen hinzufügen, die Seiten zusammennähen. Etwa 8 Minuten backen oder bis sie auf allen Seiten goldbraun sind, dabei zwei- oder dreimal wenden. Übertragen Sie die Rollen auf einen Teller.

4. Für die Sauce den restlichen 1 Esslöffel Olivenöl in einer Pfanne bei mittlerer Hitze erhitzen. Zwiebeln hinzufügen; Koch für ungefähr 5 Minuten oder bis lichtdurchlässig. Tomaten und Basilikum dazugeben. Legen Sie die Rollen auf die Sauce in der Pfanne. Bei mittlerer Hitze zum Kochen bringen; Fieber senken. Abdecken und etwa 5 Minuten köcheln lassen oder bis die Tomaten anfangen zu zerfallen, aber noch ihre Form behalten und die Brötchen durchgewärmt sind.

5. Für das Dressing Zitronensaft, Paleo-Mayonnaise, Dijon-Senf, Knoblauch und schwarzen Pfeffer in einer kleinen Schüssel verquirlen. Mit ¼ Tasse Olivenöl beträufeln und schlagen, bis es emulgiert ist. Das Dressing mit dem klein geschnittenen Römersalat in einer großen Schüssel verrühren. Zum Servieren den Römersalat auf sechs Teller

verteilen. Die Rollen schneiden und auf Römersalat legen; Ketchup darüber träufeln.

GEGRILLTE HÄHNCHEN-DÖNER-WRAPS MIT WÜRZIGEM GEMÜSE UND PINIENKERNSOßE

HAUSAUFGABEN:20 Minuten Marinieren: 30 Minuten Grillen: 10 Minuten Ergibt: 8 Brötchen (4 Portionen)

1½ Pfund knochenlose, hautlose Hähnchenbrust, in 2-Zoll-Stücke geschnitten

5 Esslöffel Olivenöl

2 Esslöffel frischer Zitronensaft

1¾ TL gemahlener Kreuzkümmel

1 Teelöffel gehackter Knoblauch

1 TL Paprika

½ TL Currypulver

½ Teelöffel gemahlener Zimt

¼ Teelöffel Cayennepfeffer

1 mittelgroße Zucchini, halbiert

1 kleine Aubergine, in ½-Zoll-Scheiben geschnitten

1 große gelbe Paprika, halbiert und entkernt

1 mittelgroße rote Zwiebel, geviertelt

8 Kirschtomaten

8 große Buttersalatblätter

Geröstete Pinienkernsoße (vglVerschreibung)

Zitronenscheiben

1. Für die Marinade 3 EL Olivenöl, Zitronensaft, 1 TL Kreuzkümmel, Knoblauch, ½ TL Paprikapulver, Currypulver, ¼ TL Zimt und Cayennepfeffer in einer kleinen Schüssel vermischen. Legen Sie die Hühnchenstücke in einen großen wiederverschließbaren Plastikbeutel in eine flache Schüssel. Gießen Sie die Marinade über das Huhn. Verschließe den Beutel. Verwandle die Tasche in einen Mantel. 30 Minuten im

Kühlschrank marinieren, dabei den Beutel gelegentlich wenden.

2. Das Huhn aus der Marinade nehmen; die Marinade wegwerfen. Das Hähnchen auf vier lange Spieße stecken.

3. Zucchini, Aubergine, Paprika und Zwiebel auf ein Backblech legen. Mit 2 EL Olivenöl beträufeln. Mit ¾ Teelöffel Kreuzkümmel, restlichen ½ Teelöffel Paprika und restlichen ¼ Teelöffel Zimt bestreuen; Leicht über das Gemüse streichen. Fädeln Sie die Tomaten auf zwei Schienen.

3. Für einen Holzkohlegrill oder Gasgrill Hähnchen- und Tomatenspieße und Gemüse bei mittlerer Hitze auf den Grill legen. Abdecken und grillen, bis das Hähnchen nicht mehr rosa und das Gemüse leicht angekohlt und knusprig ist, dabei einmal wenden. Warten Sie 10 bis 12 Minuten für Hähnchen, 8 bis 10 Minuten für Gemüse und 4 Minuten für Tomaten.

4. Das Huhn von den Spießen nehmen. Hähnchen hacken und Zucchini, Auberginen und Paprika in kleine Stücke schneiden. Die Tomaten von den Spießen lösen (nicht hacken). Hühnchen und Gemüse auf einem Teller anrichten. Zum Servieren Huhn und Gemüse auf Salat verteilen; mit gerösteter Pinienkernsoße beträufeln. Mit Zitronenspalten servieren.

GEBACKENE HÄHNCHENBRUST MIT CHAMPIGNONS, IN KNOBLAUCH GESCHMORTEM BLUMENKOHL UND GERÖSTETEM SPARGEL

ANFANG BIS ENDE: 50 Minuten ergeben: 4 Portionen

4 10 bis 12 Unzen Hähnchenbrust mit Knochen, Haut entfernt
3 Tassen kleine weiße Pilze
1 Tasse dünn geschnittener Lauch oder gelbe Zwiebeln
2 Tassen Hühnerknochenbrühe (vgl<u>Verschreibung</u>) oder ungesalzene Hühnerbrühe
1 Tasse trockener Weißwein
1 großer Bund frischer Thymian
Schwarzer Pfeffer
Weißweinessig (optional)
1 Blumenkohlkopf, in Blumenkohl geteilt
12 Knoblauchzehen, geschält
2 Esslöffel Olivenöl
Weißer oder Cayennepfeffer
1 Pfund Spargel, gehackt
2 TL Olivenöl

1. Ofen auf 400 °F vorheizen. Hähnchenbrust in eine rechteckige 3-Liter-Auflaufform legen; Mit Champignons und Lauch garnieren. Hähnchenknochenbrühe und Wein über Hähnchen und Gemüse gießen. Mit Thymian bestreuen und mit schwarzem Pfeffer bestreuen. Decken Sie die Platte mit Alufolie ab.

2. Backen Sie für 35 bis 40 Minuten oder bis ein sofort ablesbares Thermometer, das in das Huhn eingeführt wird, 170 ° F anzeigt. Thymianzweige entfernen und

wegwerfen. Schmorfond nach Belieben vor dem Servieren mit einem Spritzer Essig abschmecken.

2. In der Zwischenzeit Blumenkohl und Knoblauch in einem großen Topf in ausreichend kochendem Wasser etwa 10 Minuten kochen oder bis sie sehr weich sind. Blumenkohl und Knoblauch abgießen, dabei 2 Esslöffel der Kochflüssigkeit auffangen. Blumenkohl und aufgefangene Kochflüssigkeit in eine Küchenmaschine oder große Rührschüssel geben. Glatt pürieren* oder mit einem Kartoffelstampfer pürieren; 2 Esslöffel Olivenöl hinzugeben und mit weißem Pfeffer abschmecken. Bis zum Servieren warm halten.

3. Ordnen Sie den Spargel in einer Schicht auf einem Backblech an. Mit 2 EL Olivenöl beträufeln und schwenken. Mit schwarzem Pfeffer bestreuen. In einem Ofen bei 400 °F etwa 8 Minuten braten oder bis sie knusprig sind, dabei einmal umrühren.

4. Den pürierten Blumenkohl auf sechs Teller verteilen. Mit Hühnchen, Champignons und Lauch belegen. Etwas von der Schmorflüssigkeit darüber träufeln; mit gebratenem Spargel servieren.

*Hinweis: Wenn Sie eine Küchenmaschine verwenden, achten Sie darauf, dass Sie nicht zu stark verarbeiten, da der Blumenkohl sonst zu dünn wird.

HÜHNERSUPPE NACH THAILÄNDISCHER ART

HAUSAUFGABEN:30 Minuten einfrieren: 20 Minuten kochen: 50 Minuten Ausbeute: 4 bis 6 Portionen

TAMARINDE IST EINE BITTERE UND MUSIKALISCHE FRUCHTIN DER INDISCHEN, THAILÄNDISCHEN UND MEXIKANISCHEN KÜCHE VERWENDET. VIELE KOMMERZIELL HERGESTELLTE TAMARINDENPASTEN ENTHALTEN ZUCKER; STELLEN SIE SICHER, DASS SIE EINES KAUFEN, DAS ES NICHT ENTHÄLT. KAFFERNLIMETTENBLÄTTER SIND IN DEN MEISTEN ASIATISCHEN MÄRKTEN FRISCH, GEFROREN UND GETROCKNET ERHÄLTLICH. WENN SIE SIE NICHT FINDEN KÖNNEN, ERSETZEN SIE DIE BLÄTTER IN DIESEM REZEPT DURCH 1½ TEELÖFFEL FEIN GERIEBENE LIMETTENSCHALE.

- 2 Stangen Zitronengras, getrimmt
- 2 Esslöffel unraffiniertes Kokosöl
- ½ Tasse dünn geschnittene rote Zwiebel
- 3 große Knoblauchzehen, in dünne Scheiben geschnitten
- 8 Tassen Hühnerknochenbrühe (vgl<u>Verschreibung</u>) oder ungesalzene Hühnerbrühe
- ¼ Tasse ungesüßte Tamarindenpaste (z. B. von der Marke Tamicon)
- 2 Esslöffel Nori-Flocken
- 3 frische Thai-Chilischoten, in dünne Scheiben geschnitten mit intakten Samen (s<u>mager</u>)
- 3 Kaffirlimettenblätter
- 1 3-Zoll-Stück Ingwer, in dünne Scheiben geschnitten
- 4 6 Unzen knochenlose, hautlose Hähnchenbrusthälften
- 1 14,5 Unzen Dose ohne Salz gewürfelte feuergeröstete Tomaten, nicht abgetropft
- 6 Unzen feiner Spargel, getrimmt und dünn diagonal in ½-Zoll-Stücke geschnitten
- ½ Tasse verpackte Thai-Basilikumblätter (vgl<u>Notiz</u>)

1. Drücken Sie mit dem Rücken eines Messers mit festem Druck die Zitronengrasstiele an. Die gequetschten Stiele fein hacken.

2. Das Kokosöl bei mittlerer Hitze in einem Dutch Oven erhitzen. Fügen Sie Zitronengras und Schnittlauch hinzu; 8 bis 10 Minuten kochen, dabei oft umrühren. Knoblauch hinzufügen; Kochen und rühren Sie für 2 bis 3 Minuten oder bis sehr duftend.

3. Hühnerknochenbrühe, Tamarindenpaste, Nori-Flocken, Chili, Limettenblätter und Ingwer hinzugeben. Zum Kochen bringen; Fieber senken. Zugedeckt bei schwacher Hitze 40 Minuten garen.

4. In der Zwischenzeit das Hähnchen 20 bis 30 Minuten einfrieren oder bis es fest ist. Hähnchen in dünne Scheiben schneiden.

5. Die Suppe durch ein feines Sieb in einen großen Topf passieren und mit der Rückseite eines großen Löffels nach unten drücken, um die Aromen herauszuziehen. Feststoffe verwerfen. Lassen Sie die Suppe aufkochen. Fügen Sie Hähnchen, nicht abgetropfte Tomaten, Spargel und Basilikum hinzu. Reduzieren Sie die Hitze; ohne Deckel 2 bis 3 Minuten köcheln lassen oder bis das Huhn gar ist. Sofort servieren.

GEGRILLTES HÄHNCHEN MIT ZITRONE UND SALBEI MIT ESKARIOL

HAUSAUFGABEN:15 Minuten Braten: 55 Minuten Ruhen: 5 Minuten Ausbeute: 4 Portionen

ZITRONENSCHEIBEN UND SALBEIBLATT.UNTER DIE HÄHNCHENHAUT GELEGT, AROMATISIERT ES DAS FLEISCH BEIM GAREN UND ERZEUGT EIN UNVERWECHSELBARES MUSTER UNTER DER KNUSPRIGEN, UNDURCHSICHTIGEN HAUT, NACHDEM ES AUS DEM OFEN KOMMT.

4 Hähnchenbrüste mit Knochen (mit Haut)
1 Zitrone, sehr dünn geschnitten
4 große Salbeiblätter
2 TL Olivenöl
2 TL mediterrane Gewürze (vglVerschreibung)
½ Teelöffel schwarzer Pfeffer
2 Esslöffel natives Olivenöl extra
2 Schalotten, in Scheiben geschnitten
2 Knoblauchzehen gehackt
4 Fenchelköpfe, längs halbiert

1. Heizen Sie den Ofen auf 400 °F vor. Entfernen Sie mit einem Schälmesser vorsichtig die Haut von jeder Brusthälfte und lassen Sie sie auf einer Seite. Auf jede Brust 2 Zitronenscheiben und 1 Salbeiblatt legen. Ziehen Sie die Haut vorsichtig wieder an ihren Platz und drücken Sie sie vorsichtig nach unten, um sie zu befestigen.

2. Legen Sie das Huhn in eine flache Bratpfanne. Hühnchen mit 2 Teelöffeln Olivenöl bepinseln; mit mediterranen Gewürzen und ¼ Teelöffel Pfeffer bestreuen. Unbedeckt ca. 55 Minuten grillen oder bis die Haut goldbraun und

knusprig ist und ein sofort ablesbares Thermometer, das in die Hähnchenstreifen eingesetzt wird, 170 °F anzeigt. Lassen Sie das Hähnchen vor dem Servieren 10 Minuten ruhen.

3. In der Zwischenzeit in einer großen Pfanne 2 Esslöffel Olivenöl bei mittlerer Hitze erhitzen. Schalotten hinzufügen; Koch für ungefähr 2 Minuten oder bis lichtdurchlässig. Endivie mit restlichen ¼ Teelöffel Pfeffer bestreuen. Den Knoblauch in die Pfanne geben. Den Endiviensalat mit den Seiten nach unten in eine Pfanne geben. Kochen Sie für ungefähr 5 Minuten oder bis sie gebräunt sind. Endivie vorsichtig wenden; 2 bis 3 Minuten länger kochen oder bis sie weich sind. Mit Hähnchen servieren.

HÜHNERFLEISCH MIT FRÜHLINGSZWIEBELN, BRUNNENKRESSE UND RADIESCHEN

HAUSAUFGABEN:20 Minuten gekocht: 8 Minuten gebacken: 30 Minuten Ausbeute: 4 Portionen

AUCH WENN ES SELTSAM ERSCHEINEN MAG, RADIESCHEN ZU KOCHEN,SIE WERDEN HIER KAUM GEKOCHT, GERADE GENUG, UM IHREN STARKEN BISS ZU MILDERN UND SIE EIN WENIG WEICHER ZU MACHEN.

- 3 Esslöffel Olivenöl
- 4 10- bis 12-Unzen-Hähnchenbrust mit Knochen (mit Haut)
- 1 Esslöffel Zitronen-Kräuter-Gewürz (vglVerschreibung)
- ¾ Tasse gehackte Zwiebel
- 6 Radieschen, in dünne Scheiben geschnitten
- ¼ TL schwarzer Pfeffer
- ½ Tasse trockener weißer Wermut oder trockener Weißwein
- ⅓ Tasse Cashewcreme (vglVerschreibung)
- 1 Bund Brunnenkresse, Stängel geputzt und gehackt
- 1 EL frischer Dill, in Streifen geschnitten

1. Backofen auf 350 °F vorheizen. Olivenöl in einer großen Pfanne bei mittlerer bis hoher Hitze erhitzen. Tupfen Sie das Huhn mit einem Papiertuch trocken. Braten Sie das Hühnchen mit der Hautseite nach unten für 4 bis 5 Minuten oder bis die Haut goldbraun und knusprig ist. Flip-Huhn; Kochen Sie für ungefähr 4 Minuten oder bis sie gebräunt sind. Legen Sie das Huhn mit der Hautseite nach oben in eine flache Auflaufform. Streuen Sie das Huhn über das Zitronengewürz. Etwa 30 Minuten backen oder

bis ein sofort ablesbares Thermometer, das in das Hähnchengestell eingesetzt ist, 170 ° F anzeigt.

2. Gießen Sie in der Zwischenzeit alles bis auf 1 Esslöffel Fett aus der Pfanne; Pfanne erneut erhitzen. Schnittlauch und Radieschen hinzufügen; Kochen Sie für ungefähr 3 Minuten oder bis die Zwiebel welk ist. Mit Pfeffer bestreuen. Fügen Sie den Wermut hinzu und rühren Sie um, um alle braunen Stücke abzukratzen. Zum Kochen bringen; kochen, bis es reduziert und leicht eingedickt ist. Cashewcreme hinzufügen; zum Kochen bringen. Pfanne vom Herd nehmen; Brunnenkresse und Dill hinzugeben und vorsichtig umrühren, bis die Kresse trocken ist. Angesammelten Hühnersaft in die Auflaufform geben.

3. Die Zwiebelmischung auf vier Teller verteilen; mit Hähnchen belegen.

CHICKEN TIKKA MASALA

HAUSAUFGABEN:30 Minuten Marinieren: 4 bis 6 Stunden Kochen: 15 Minuten Grillen: 8 Minuten Ausbeute: 4 Portionen

DIES WURDE VON EINEM SEHR BELIEBTEN INDISCHEN GERICHT INSPIRIERT.DIE MÖGLICHERWEISE ÜBERHAUPT NICHT IN INDIEN HERGESTELLT WURDEN, SONDERN IN EINEM INDISCHEN RESTAURANT IN GROẞBRITANNIEN. TRADITIONELLE TIKKA-MASALA MIT HÜHNCHEN SIEHT VOR, DASS DAS HÄHNCHEN IN JOGHURT MARINIERT UND DANN IN EINER WÜRZIGEN TOMATENSAUCE MIT SAHNE GEKOCHT WIRD. DA KEINE MILCHPRODUKTE DEN GESCHMACK DER SAUCE TRÜBEN, SCHMECKT DIESE VERSION BESONDERS SAUBER. ANSTELLE VON REIS WIRD ES ÜBER KNUSPRIGEN ZUCCHINI-NUDELN SERVIERT.

- 1½ Pfund knochenloser, hautloser Hähnchenschenkel oder Hähnchenbrusthälften
- ¾ Tasse normale Kokosmilch (wie Nature's Way)
- 6 gehackte Knoblauchzehen
- 1 EL geriebener frischer Ingwer
- 1 TL gemahlener Koriander
- 1 TL Paprika
- 1 Teelöffel gemahlener Kreuzkümmel
- ¼ TL gemahlener Kardamom
- 4 Esslöffel raffiniertes Kokosöl
- 1 Tasse gehackte Karotten
- 1 dünn geschnittener Sellerie
- ½ Tasse gehackte Zwiebel
- 2 Jalapeño- oder Serrano-Paprikaschoten, entkernt (falls gewünscht) und fein gehackt (vglmager)
- 1 14,5 Unzen Dose ohne Salz gewürfelte feuergeröstete Tomaten, nicht abgetropft
- 1 8-Unzen-Dose ohne Salzzusatz Ketchup
- 1 TL Garam Masala ohne Salzzusatz

3 mittelgroße Zucchini

½ Teelöffel schwarzer Pfeffer

frische Korianderblätter

1. Wenn Sie Hähnchenschenkel verwenden, schneiden Sie jeden Schenkel in drei Stücke. Wenn Sie Hähnchenbrusthälften verwenden, schneiden Sie jede Brust in zwei Zoll große Stücke und schneiden Sie dicke Teile horizontal in zwei Hälften, um sie dünner zu machen. Legen Sie das Huhn in eine große wiederverschließbare Plastiktüte; beiseite legen. Für die Marinade ½ Tasse Kokosmilch, Knoblauch, Ingwer, Koriander, Paprika, Kreuzkümmel und Kardamom in einer kleinen Schüssel mischen. Gießen Sie die Marinade über das Huhn in der Tüte. Beutel verschließen und zu Hähnchen wenden. Beutel in eine mittelgroße Schüssel geben; 4 bis 6 Stunden im Kühlschrank marinieren, dabei den Beutel gelegentlich wenden.

2. Den Grill vorheizen. In einer großen Pfanne 2 Esslöffel Kokosöl bei mittlerer Hitze erhitzen. Karotten, Sellerie und Zwiebel hinzufügen; 6 bis 8 Minuten kochen oder bis das Gemüse weich ist, gelegentlich umrühren. Jalapeños hinzufügen; 1 weitere Minute kochen und umrühren. Fügen Sie nicht abgetropfte Tomaten und Ketchup hinzu. Zum Kochen bringen; Fieber senken. Ohne Deckel ca. 5 Minuten köcheln lassen oder bis die Sauce leicht eindickt.

3. Das Huhn abtropfen lassen und die Marinade wegwerfen. Ordnen Sie die Hähnchenteile in einer einzigen Schicht auf einem unbeheizten Rost in einer Bratpfanne an. Grillen Sie 5 bis 6 Zoll von der Hitze für 8 bis 10 Minuten oder bis das Huhn nicht mehr rosa ist, und wenden Sie es nach der

Hälfte der Zeit einmal. Gekochte Hühnchenstücke und ¼ Tasse Kokosmilch zur Tomatenmischung in die Pfanne geben. Kochen Sie 1 bis 2 Minuten oder bis es durchgeheizt ist. Vom Herd nehmen; garam masala hinzufügen.

4. Die Enden der Zucchini abschneiden. Die Zucchini mit einem Julienne-Schneider in lange, dünne Streifen schneiden. Erhitzen Sie die restlichen 2 Esslöffel Kokosöl in einer extra großen Pfanne bei mittlerer bis hoher Hitze. Fügen Sie die Zucchinistreifen und den schwarzen Pfeffer hinzu. Koche und rühre für 2 bis 3 Minuten oder bis die Zucchini knusprig ist.

5. Zum Servieren die Zucchini auf vier Teller verteilen. Mit der Hähnchenmischung belegen. Mit Korianderblättern garnieren.

RAS EL HANOUT HÜHNERSCHENKEL

HAUSAUFGABEN:20 Minuten Kochzeit: 40 Minuten. Ausbeute: 4 Portionen

RAS EL-HANOUT IST KOMPLIZIERTUND EINE MISCHUNG AUS EXOTISCHEN MAROKKANISCHEN GEWÜRZEN. DER AUSDRUCK BEDEUTET AUF ARABISCH "GESCHÄFTSLEITER" UND WEIST DARAUF HIN, DASS DIES EINE EINZIGARTIGE MISCHUNG DER BESTEN GEWÜRZE IST, DIE DER GEWÜRZHÄNDLER ZU BIETEN HAT. ES GIBT KEIN REZEPT FÜR RAS EL HANOUT, ABER ES ENTHÄLT OFT EINE MISCHUNG AUS INGWER, ANIS, ZIMT, MUSKATNUSS, PFEFFERKÖRNERN, NELKEN, KARDAMOM, GETROCKNETEN BLÜTEN (WIE LAVENDEL UND ROSE), NIGELLA, MUSKATBLÜTE, GALGANT UND KURKUMA. .

- 1 Esslöffel gemahlener Kreuzkümmel
- 2 Teelöffel gemahlener Ingwer
- 1½ TL schwarzer Pfeffer
- 1½ TL gemahlener Zimt
- 1 TL gemahlener Koriander
- 1 Teelöffel Cayennepfeffer
- 1 Teelöffel gemahlener Pfeffer
- ½ Teelöffel gemahlene Nelken
- ¼ TL gemahlene Muskatnuss
- 1 Teelöffel Safranfäden (optional)
- 4 Esslöffel unraffiniertes Kokosöl
- 8 Hähnchenschenkel mit Knochen
- 1 8-Unzen-Paket frische Champignons, in Scheiben geschnitten
- 1 Tasse gehackte Zwiebel
- 1 Tasse gehackte rote, gelbe oder grüne Paprika (1 große)
- 4 Roma-Tomaten, entkernt, entkernt und gehackt
- 4 Knoblauchzehen, gehackt
- 2 13,5-Unzen-Dosen normale Kokosmilch (wie Nature's Way)

3 bis 4 Esslöffel frischer Zitronensaft

¼ Tasse fein gehackter frischer Koriander

1. Für das Ras el Hanout Kreuzkümmel, Ingwer, schwarzer Pfeffer, Zimt, Koriander, Cayennepfeffer, Pfeffer, Nelken, Muskatnuss und, falls gewünscht, den Safran in einem mittelgroßen Mörser oder einer kleinen Schüssel mischen. Mit einem Mörser zermahlen oder mit einem Löffel umrühren, um alles gut zu vermischen. Beiseite legen.

2. Erhitzen Sie 2 Esslöffel Kokosöl in einer großen Pfanne bei mittlerer Hitze. Hähnchenschenkel mit 1 Esslöffel Ras el Hanout bestreuen. Huhn in die Pfanne geben; 5 bis 6 Minuten kochen oder bis sie gebräunt sind, nach der Hälfte des Garvorgangs einmal wenden. Huhn aus der Pfanne nehmen; warm halten

3. Die restlichen 2 Esslöffel Kokosöl in derselben Pfanne bei mittlerer Hitze erhitzen. Champignons, Zwiebeln, Paprika, Tomaten und Knoblauch dazugeben. Kochen und rühren Sie etwa 5 Minuten oder bis das Gemüse weich ist. Kokosmilch, Limettensaft und 1 Esslöffel Ras el Hanout dazugeben. Das Hähnchen wieder in die Pfanne geben. Zum Kochen bringen; Fieber senken. Zugedeckt etwa 30 Minuten köcheln lassen oder bis das Huhn weich ist (175 °F).

4. Hähnchen, Gemüse und Soße in Schalen servieren. Mit Koriander garnieren.

Hinweis: Bewahren Sie übrig gebliebenes Ras el Hanout in einem verschlossenen Behälter bis zu 1 Monat auf.

CARAMBOLA-MARINIERTE HÄHNCHENSCHENKEL AUF SAUTIERTEM SPINAT

HAUSAUFGABEN: 40 Minuten Marinieren: 4 bis 8 Stunden Garen: 45 Minuten Ausbeute: 4 Portionen

WENN NÖTIG, TUPFEN SIE DAS HÄHNCHEN TROCKEN.MIT EINEM PAPIERTUCH, NACHDEM ES AUS DER MARINADE KOMMT, BEVOR ES IN DER PFANNE GEBRÄUNT WIRD. AUF DEM FLEISCH ZURÜCKGEBLIEBENE FLÜSSIGKEIT SPRITZT IN DAS HEIßE ÖL.

8 Hähnchenschenkel mit Knochen (1½ bis 2 Pfund), Haut entfernt

¾ Tasse Weiß- oder Apfelessig

¾ Tasse frischer Orangensaft

½ Tasse Wasser

¼ Tasse gehackte Zwiebel

¼ Tasse frischer Koriander, gehackt

4 Knoblauchzehen, gehackt

½ Teelöffel schwarzer Pfeffer

1 Esslöffel Olivenöl

1 Karambole, in Scheiben geschnitten

1 Tasse Hühnerknochenbrühe (vglVerschreibung) oder ungesalzene Hühnerbrühe

2 9-Unzen-Pakete mit frischen Spinatblättern

frische Korianderblätter (optional)

1. Legen Sie das Huhn in einen Topf aus Edelstahl oder Emaille; beiseite legen. Kombinieren Sie in einer mittelgroßen Schüssel Essig, Orangensaft, Wasser, Zwiebel, ¼ Tasse gehackten Koriander, Knoblauch und Pfeffer; über das Huhn gießen. Zugedeckt 4 bis 8 Stunden kühl stellen.

2. Die Hühnermischung in einem Topf bei mittlerer Hitze zum Kochen bringen; Fieber senken. Zugedeckt 35 bis 40 Minuten köcheln lassen oder bis das Huhn nicht mehr rosa ist (175 °F).

3. Öl bei mittlerer Hitze in einer extra großen Pfanne erhitzen. Hähnchen mit einer Zange aus dem Dutch Oven nehmen und vorsichtig schütteln, damit die Kochflüssigkeit abtropft; Kochflüssigkeit aufbewahren. Braten Sie das Hähnchen von allen Seiten an und wenden Sie es oft, damit es gleichmäßig bräunt.

4. In der Zwischenzeit für die Sauce die Kochflüssigkeit abseihen; Zurück in den Dutch Oven. Zum Kochen bringen. Kochen Sie ungefähr 4 Minuten, um etwas zu reduzieren und zu verdicken; Karambole hinzufügen; 1 weitere Minute kochen. Geben Sie das Hähnchen wieder in die Sauce im Dutch Oven. Vom Herd nehmen; zudecken, um warm zu bleiben.

5. Pfanne reinigen. Hühnerknochenbrühe in eine Pfanne gießen. Bei mittlerer Hitze zum Kochen bringen; Spinat hinzufügen. Reduzieren Sie die Hitze; 1 bis 2 Minuten kochen oder bis der Spinat weich ist, dabei ständig umrühren. Übertragen Sie den Spinat auf eine geschlitzte Platte. Mit Hähnchen und Soße belegen. Nach Belieben mit Korianderblättern bestreuen.

HÄHNCHEN- UND POBLANO-KOHL-TACOS MIT CHIPOTLE-MAYONNAISE

HAUSAUFGABEN:25 Minuten gebacken: 40 Minuten Ausbeute: 4 Portionen

SERVIEREN SIE DIESE SCHMUTZIGEN, ABER LECKEREN TACOSMIT EINER GABEL, UM DIE FÜLLUNG AUFZUFANGEN, DIE BEIM ESSEN VOM KOHLBLATT FÄLLT.

1 Esslöffel Olivenöl

2 Poblano-Paprikaschoten, entkernt (falls gewünscht) und gehackt (siehemager)

½ Tasse gehackte Zwiebel

3 Knoblauchzehen gehackt

1 Esslöffel Chilipulver ohne Salz

2 Teelöffel gemahlener Kreuzkümmel

½ Teelöffel schwarzer Pfeffer

1 8-Unzen-Dose ohne Salzzusatz Ketchup

¾ Tasse Hühnerknochenbrühe (vglVerschreibung) oder ungesalzene Hühnerbrühe

1 Teelöffel getrockneter mexikanischer Oregano, zerkleinert

1 bis 1½ Pfund knochenlose, hautlose Hähnchenschenkel

10 bis 12 mittelgroße bis große Kohlblätter

Chipotle Paleo Mayo (vglVerschreibung)

1. Backofen auf 350 °F vorheizen. Öl bei mittlerer Hitze in einer großen ofenfesten Pfanne erhitzen. Poblano-Paprika, Zwiebel und Knoblauch hinzufügen; 2 Minuten kochen und umrühren. Fügen Sie Chilipulver, Kreuzkümmel und schwarzen Pfeffer hinzu; 1 Minute weiter kochen und umrühren (bei Bedarf die Hitze reduzieren, damit die Gewürze nicht anbrennen).

2. Ketchup, Hühnerknochenbrühe und Oregano in die Pfanne geben. Zum Kochen bringen. Legen Sie die Hähnchenschenkel vorsichtig in die Tomatenmischung.

Decken Sie die Pfanne mit einem Deckel ab. Etwa 40 Minuten backen oder bis das Hähnchen weich ist (175 °F), nach der Hälfte der Zeit einmal wenden.

3. Huhn aus der Pfanne nehmen; etwas abkühlen. Das Hähnchen mit zwei Gabeln in kleine Stücke zerpflücken. Fügen Sie zerkleinertes Hähnchen zur Tomatenmischung in der Pfanne hinzu.

4. Zum Servieren die Hühnermischung über die Kohlblätter geben; Top mit Chipotle Paleo Mayo.

HÜHNEREINTOPF MIT BABYKAROTTEN UND BOK CHOY

HAUSAUFGABEN:15 Minuten kochen: 24 Minuten ruhen: 2 Minuten Ausbeute: 4 Portionen

BABY PAK CHOI IST SEHR EMPFINDLICHUND SIE KÖNNEN IM HANDUMDREHEN ÜBERKOCHEN. DAMIT ES KNUSPRIG UND FRISCH SCHMECKT, NICHT VERSCHRUMPELT ODER MATSCHIG, STELLEN SIE SICHER, DASS ES VOR DEM SERVIEREN NICHT LÄNGER ALS 2 MINUTEN IN EINEM HEIßEN TOPF (ABGESCHALTET) GEDÜNSTET WIRD.

2 Esslöffel Olivenöl

1 Lauch, in Scheiben geschnitten (weiße und hellgrüne Teile)

4 Tassen Hühnerknochenbrühe (vgl<u>Verschreibung</u>) oder ungesalzene Hühnerbrühe

1 Tasse trockener Weißwein

1 Esslöffel Dijon-Senf (vgl<u>Verschreibung</u>)

½ Teelöffel schwarzer Pfeffer

1 Zweig frischer Thymian

1¼ Pfund knochenlose, hautlose Hähnchenschenkel, in 1-Zoll-Stücke geschnitten

8 Unzen Babykarotten mit Spitzen, geschrubbt, getrimmt und der Länge nach halbiert, oder 2 mittelgroße Karotten, schräg geschnitten

2 Teelöffel fein geriebene Zitronenschale (Ersatz)

1 Esslöffel frischer Zitronensaft

2 Köpfe Baby Pak Choi

½ TL frischer Thymian, gerieben

1. 1 Esslöffel Olivenöl bei mittlerer Hitze in einem großen Topf erhitzen. Lauch in heißem Öl 3 bis 4 Minuten kochen oder bis er weich ist. Hühnerknochenbrühe, Wein, Dijon-Senf, ¼ Teelöffel Pfeffer und Thymianzweige hinzugeben. Zum Kochen bringen; Fieber senken. 10 bis 12 Minuten kochen

oder bis die Flüssigkeit um etwa ein Drittel reduziert ist. Den Thymianzweig wegwerfen.

2. In der Zwischenzeit in einem Schmortopf den restlichen 1 Esslöffel Olivenöl bei mittlerer bis hoher Hitze erhitzen. Hähnchen mit restlichen ¼ Teelöffel Pfeffer bestreuen. In heißem Öl etwa 3 Minuten oder bis sie goldbraun sind, braten und dabei gelegentlich umrühren. Gegebenenfalls Fett abgießen. Geben Sie die Brühemischung vorsichtig in den Topf und kratzen Sie braune Stücke ab; Karotten hinzufügen. Zum Kochen bringen; Fieber senken. Ohne Deckel 8 bis 10 Minuten köcheln lassen oder bis die Karotten weich sind. Fügen Sie den Zitronensaft hinzu. Pak Choi längs halbieren. (Wenn die Pak-Choi-Köpfe groß sind, schneiden Sie sie in Viertel.) Legen Sie den Pak-Choi auf das Huhn im Topf. Abdecken und vom Herd nehmen; 2 Minuten stehen lassen.

3. Servieren Sie den Eintopf in flachen Schalen. Mit Zitronenschale und Thymianstreifen bestreuen.

GEBRATENES HÄHNCHEN MIT CASHEWNÜSSEN UND ORANGE UND PFEFFER AUF SALATPAPIER

ANFANG BIS ENDE:45 Minuten ergibt: 4 bis 6 Portionen

SIE FINDEN ZWEI ARTEN VONKOKOSÖL IN DEN REGALEN, RAFFINIERT UND EXTRA VERGINE ODER UNRAFFINIERT. WIE DER NAME SCHON SAGT, STAMMT EXTRA NATIVES KOKOSÖL AUS DER ERSTEN PRESSUNG FRISCHER, ROHER KOKOSNÜSSE. ES IST IMMER DIE BESTE WAHL, WENN SIE BEI MITTLERER ODER MITTLERER HITZE KOCHEN. RAFFINIERTES KOKOSÖL HAT EINEN HÖHEREN RAUCHPUNKT, ALSO VERWENDE ES NUR BEIM KOCHEN BEI HOHEN TEMPERATUREN.

- 1 Esslöffel raffiniertes Kokosöl
- 1½ bis 2 Pfund knochenlose, hautlose Hähnchenschenkel, in dünne Streifen geschnitten
- 3 rote, orange und/oder gelbe Gemüsepaprikaschoten, Stiele entfernt, Samen entfernt und dünn in passende Streifen geschnitten
- 1 rote Zwiebel, längs halbiert und in dünne Scheiben geschnitten
- 1 TL fein geriebene Orangenschale (Ersatz)
- ½ Tasse frischer Orangensaft
- 1 Esslöffel gehackter frischer Ingwer
- 3 Knoblauchzehen gehackt
- 1 Tasse ungesalzene Cashewnüsse, geröstet und grob gehackt (vgl mager)
- ½ Tasse geschnittene Frühlingszwiebeln (4)
- 8 bis 10 Blätter Butter oder Eisbergsalat

1. Erhitzen Sie das Kokosöl bei starker Hitze in einem Wok oder einer großen Pfanne. Fügen Sie Huhn hinzu; 2 Minuten kochen und umrühren. Paprika und Zwiebeln hinzufügen; kochen und 2 bis 3 Minuten lang umrühren

oder bis das Gemüse weich wird. Huhn und Gemüse aus dem Wok nehmen; warm halten

2. Trocknen Sie den Wok mit einem Papiertuch. Den Orangensaft in den Wok geben. Kochen Sie für ungefähr 3 Minuten oder bis die Säfte kochen und leicht reduzieren. Ingwer und Knoblauch hinzufügen. 1 Minute kochen und umrühren. Geben Sie die Hähnchen-Paprika-Mischung zurück in den Wok. Orangenschale, Cashewnüsse und Frühlingszwiebeln zugeben. Gebraten auf Salatblättern servieren.

VIETNAMESISCHES HÄHNCHEN MIT KOKOSNUSS UND ZITRONENGRAS

ANFANG BIS ENDE: 30 Minuten ergeben: 4 Portionen

DIESES SCHNELLE KOKOSCURRYES KANN IN 30 MINUTEN, NACHDEM ES ANFÄNGT ZU BEIßEN, AUF DEM TISCH STEHEN, WAS ES ZU EINER IDEALEN MAHLZEIT FÜR EINEN ARBEITSREICHEN ABEND UNTER DER WOCHE MACHT.

1 Esslöffel unraffiniertes Kokosöl

4 Zitronengrasstiele (nur helle Teile)

1 3,2-Unzen-Paket Austernpilze, gehackt

1 große Zwiebel, in dünne Scheiben geschnitten, Ringe halbiert

1 frischer Jalapeño, entkernt und fein gehackt (vgl mager)

2 Esslöffel gehackter frischer Ingwer

3 Knoblauchzehen gehackt

1½ Pfund knochenloser, hautloser Hähnchenschenkel, in dünne Scheiben geschnitten und in kleine Stücke geschnitten

½ Tasse normale Kokosmilch (wie Nature's Way)

½ Tasse Hühnerknochenbrühe (vgl Verschreibung) oder ungesalzene Hühnerbrühe

1 Esslöffel ungesalzenes rotes Currypulver

½ Teelöffel schwarzer Pfeffer

½ Tasse gehackte frische Basilikumblätter

2 Esslöffel frischer Limettensaft

Ungesüßte Kokosraspeln (optional)

1. Kokosöl bei mittlerer Hitze in einer extra großen Pfanne erhitzen. Zitronengras hinzufügen; 1 Minute kochen und umrühren. Pilze, Zwiebel, Jalapeño, Ingwer und Knoblauch hinzufügen; kochen und 2 Minuten lang umrühren oder bis die Zwiebel weich ist. Fügen Sie Huhn hinzu; Kochen Sie für ungefähr 3 Minuten oder bis das Huhn durchgegart ist.

2. Mischen Sie Kokosmilch, Hühnerknochenbrühe, Currypulver und schwarzen Pfeffer in einer kleinen Schüssel. Hühnermischung in die Pfanne geben; 1 Minute kochen oder bis die Flüssigkeit leicht eindickt. Vom Herd nehmen; frisches Basilikum und Limettensaft hinzugeben. Nach Belieben Portionen mit Kokos bestreuen.

GEGRILLTES HUHN UND APFELSALAT

HAUSAUFGABEN: 30 Minuten grillen: 12 Minuten ergeben: 4 Portionen

WENN SIE EINEN SÜßEREN APFEL WOLLENGEHEN SIE MIT HONEYCRISP. WENN SIE APFELKUCHEN MÖGEN, VERWENDEN SIE GRANNY SMITH ODER PROBIEREN SIE ZUR AUSGEWOGENHEIT EINE KOMBINATION DER BEIDEN SORTEN.

- 3 mittelgroße Honeycrisp- oder Granny-Smith-Äpfel
- 4 Teelöffel natives Olivenöl extra
- ½ Tasse fein gehackte Schalotten
- 2 Esslöffel gehackte frische Petersilie
- 1 Esslöffel Geflügelgewürz
- 3 bis 4 Endivienköpfe, geviertelt
- 1 Pfund Hühnerbrust oder Putenbrust
- ⅓ Tasse gehackte geröstete Haselnüsse*
- ⅓ Tasse klassische französische Vinaigrette (vglVerschreibung)

1. Die Äpfel halbieren und entkernen. 1 Apfel schälen und fein würfeln. 1 Teelöffel Olivenöl bei mittlerer Hitze in einer mittelgroßen Pfanne erhitzen. Gehackte Äpfel und Schalotten hinzufügen; weich kochen. Fügen Sie die Petersilie und das Geflügelgewürz hinzu. Abkühlen lassen.

2. In der Zwischenzeit die restlichen 2 Äpfel entkernen und in Spalten schneiden. Die Schnittflächen der Apfelspalten und der Eskariole mit dem restlichen Olivenöl bestreichen. Kombinieren Sie Huhn und gekühlte Apfelmischung in einer großen Schüssel. In acht Teile teilen; Jede Portion zu einem Patty mit 2 Zoll Durchmesser formen.

3. Für einen Holzkohle- oder Gasgrill die Hähnchen-Pastetchen und die Apfelscheiben bei mittlerer Hitze direkt auf den Grill legen. Abdecken und 10 Minuten grillen, dabei nach der Hälfte des Grillvorgangs einmal wenden. Endivie mit der Schnittfläche nach unten hinzugeben. Abdecken und 2 bis 4 Minuten grillen oder bis der Endiviensalat leicht verkohlt, die Äpfel weich und die Hühnchen-Pastetchen gar sind (165 °F).

4. Eskariol in große Stücke schneiden. Den Endiviensalat auf vier Servierteller verteilen. Mit Chicken Pie, Apfelscheiben und Haselnüssen toppen. Mit einer klassischen französischen Vinaigrette beträufeln.

*Tipp: Um die Haselnüsse zu rösten, heizen Sie den Ofen auf 350° F vor. Verteilen Sie die Nüsse in einer einzigen Schicht in einer flachen Auflaufform. Backen Sie 8 bis 10 Minuten oder bis sie leicht geröstet sind, und rühren Sie einmal um, um eine gleichmäßige Bräunung zu erzielen. Die Nüsse etwas abkühlen. Heiße Nüsse auf ein sauberes Küchentuch legen; Reiben Sie mit dem Handtuch, um lose Haut zu entfernen.

TOSKANISCHE HÜHNERSUPPE MIT GRÜNKOHLBÄNDERN

HAUSAUFGABEN:Kochzeit: 15 Minuten: 20 Minuten Ausbeute: 4 bis 6 Portionen

EIN ESSLÖFFEL PESTO– BASILIKUM ODER RUCOLA IHRER WAHL – VERLEIHT DIESER WÜRZIGEN SUPPE, DIE MIT SALZFREIEM GEFLÜGELGEWÜRZ GEWÜRZT IST, VIEL GESCHMACK. UM DEN GRÜNKOHL HELLGRÜN UND SO NÄHRSTOFFREICH WIE MÖGLICH ZU HALTEN, KOCHEN SIE IHN NUR, BIS ER ZUSAMMENGEFALLEN IST.

1 Pfund gemahlenes Huhn
2 Esslöffel ohne Salz zum Würzen von Geflügel
1 Teelöffel fein abgeriebene Zitronenschale
1 Esslöffel Olivenöl
1 Tasse gehackte Zwiebel
½ Tasse gehackte Karotten
1 Tasse gehackter Sellerie
4 Knoblauchzehen, in Scheiben geschnitten
4 Tassen Hühnerknochenbrühe (vglVerschreibung) oder ungesalzene Hühnerbrühe
1 14,5 Unzen Dose ohne Salzzusatz feuergeröstete Tomaten, undrainiert
1 Bund Lacinato (toskanischer) Grünkohl, Stiele entfernt, geraspelt
2 Esslöffel frischer Zitronensaft
1 Teelöffel frischer Thymian in Streifen geschnitten
Basilikum- oder Rucolapesto (vglRezepte)

1. Mischen Sie in einer mittelgroßen Schüssel Hähnchen, Geflügelgewürz und Zitronenschale. Gut mischen.

2. Olivenöl bei mittlerer Hitze in einem Dutch Oven erhitzen. Fügen Sie Hühnermischung, Zwiebel, Karotten und Sellerie hinzu; Kochen Sie für 5 bis 8 Minuten oder bis das

Huhn nicht mehr rosa ist, rühren Sie mit einem Holzlöffel um, um das Fleisch zu zerkleinern, und fügen Sie die Knoblauchzehen in der letzten Minute des Kochens hinzu. Hühnerknochenbrühe und Tomaten dazugeben. Zum Kochen bringen; Fieber senken. Abdecken und bei schwacher Hitze 15 Minuten garen. Grünkohl, Zitronensaft und Thymian dazugeben. Ohne Deckel ca. 5 Minuten köcheln lassen oder bis der Grünkohl weich ist.

3. Zum Servieren die Suppe in Schälchen füllen und mit Basilikum- oder Rucolapesto toppen.

HÜHNERLARB

HAUSAUFGABEN:15 Minuten kochen: 8 Minuten abkühlen: 20 Minuten Ausbeute: 4 Portionen

DIESE VERSION DES BELIEBTEN THAI-GERICHTSAUS STARK GEWÜRZTEM HÜHNCHEN UND GEMÜSE, SERVIERT AUF SALATBLÄTTERN, IST UNGLAUBLICH LEICHT UND WÜRZIG, OHNE DEN ZUSATZ VON ZUCKER, SALZ UND FISCHSAUCE (DIE REICH AN NATRIUM IST), DIE NORMALERWEISE TEIL DER ZUTATENLISTE SIND. MIT KNOBLAUCH, THAI-CHILI, ZITRONENGRAS, LIMETTENSCHALE, LIMETTENSAFT, MINZE UND KORIANDER SOLLTEN SIE DIESES GERICHT NICHT MISSEN.

- 1 Esslöffel raffiniertes Kokosöl
- 2 Pfund gemahlenes Hähnchen (95 % magere oder gemahlene Brust)
- 8 Unzen Pilze, fein gehackt
- 1 Tasse fein gehackte rote Zwiebel
- 1 bis 2 Thai-Chilis, entkernt und fein gehackt (vgl_mager_)
- 2 Esslöffel gehackter Knoblauch
- 2 Esslöffel fein gehacktes Zitronengras*
- ¼ TL gemahlene Nelken
- ¼ TL schwarzer Pfeffer
- 1 Esslöffel fein abgeriebene Limettenschale
- ½ Tasse frischer Limettensaft
- ⅓ Tasse dicht gepackte frische Minzblätter, gehackt
- ⅓ Tasse fein gehackter frischer Koriander, gehackt
- 1 Kopf Eisbergsalat, in Blätter geteilt

1. Kokosöl bei mittlerer Hitze in einer extragroßen Pfanne erhitzen. Fügen Sie Huhn, Pilze, Zwiebel, Chili, Knoblauch, Zitronengras, Nelken und schwarzen Pfeffer hinzu. Kochen Sie 8 bis 10 Minuten oder bis das Huhn gar ist, rühren Sie mit einem Holzlöffel um, um das Fleisch

während des Kochens zu zerkleinern. Bei Bedarf abtropfen lassen. Übertragen Sie die Hühnermischung in eine extra große Schüssel. Etwa 20 Minuten abkühlen lassen oder bis es etwas wärmer als Raumtemperatur ist, gelegentlich umrühren.

2. Limettenschale, Limettensaft, Minze und Koriander zur Hähnchenmischung geben. Auf Salatblättern servieren.

*Tipp: Für die Zubereitung des Zitronengrases benötigen Sie ein scharfes Messer. Schneiden Sie den holzigen Stängel von der Basis des Stängels und die harten grünen Blätter von der Spitze der Pflanze ab. Entfernen Sie die beiden harten äußeren Schichten. Du solltest ein etwa 15 cm langes Stück Zitronengras haben und eine hellgelbe Farbe haben. Schneiden Sie den Stiel horizontal in zwei Hälften und schneiden Sie dann jede Hälfte erneut in zwei Hälften. Schneiden Sie jedes Viertel des Stiels in sehr dünne Scheiben.

HÄHNCHENBURGER MIT SZECHUAN-CASHEW-SAUCE

HAUSAUFGABEN:Kochzeit 30 Minuten: 5 Minuten Grillzeit: 14 Minuten Ausbeute: 4 Portionen

DURCH ERHITZEN HERGESTELLTES CHILIÖLOLIVENÖL MIT ZERKLEINERTEM ROTEM PFEFFER KANN AUCH AUF ANDERE WEISE VERWENDET WERDEN. VERWENDEN SIE ES ZUM BRATEN VON FRISCHEM GEMÜSE ODER SCHWENKEN SIE ES VOR DEM GRILLEN MIT ETWAS CHILIÖL.

- 2 Esslöffel Olivenöl
- ¼ TL zerstoßener roter Pfeffer
- 2 Tassen rohe, geröstete Cashewnüsse (vgl mager)
- ¼ Tasse Olivenöl
- ½ Tasse geriebene Zucchini
- ¼ Tasse fein gehackter Schnittlauch
- 2 Knoblauchzehen gehackt
- 2 Teelöffel fein abgeriebene Zitronenschale
- 2 TL geriebener frischer Ingwer
- 1 Pfund Hühnerbrust oder Putenbrust

SZECHUAN-CASHEW-SAUCE

- 1 Esslöffel Olivenöl
- 2 Esslöffel fein gehackter Schnittlauch
- 1 EL geriebener frischer Ingwer
- 1 TL chinesisches Fünf-Gewürze-Pulver
- 1 Teelöffel frischer Zitronensaft
- 4 Blätter grüner oder Butterblattsalat

1. Für das Chiliöl das Olivenöl und die zerdrückte rote Paprika in einem kleinen Topf mischen. 5 Minuten bei schwacher Hitze erhitzen. Vom Herd nehmen; abkühlen lassen.

2. Für die Cashewbutter die Cashewkerne und 1 Esslöffel Olivenöl in einen Mixer geben. Abdecken und mischen, bis es cremig ist, dabei anhalten, um die Seiten nach Bedarf abzukratzen, und zusätzliches Olivenöl hinzufügen, 1 Esslöffel auf einmal, bis alle ¼ Tasse verbraucht und die Butter sehr glatt ist; beiseite legen.

3. Zucchini, Frühlingszwiebel, Knoblauch, Zitronenschale und 2 Teelöffel Ingwer in einer großen Schüssel mischen. Fügen Sie gemahlenes Huhn hinzu; gut mischen. Aus der Hähnchenmischung vier ½ Zoll dicke Patties formen.

4. Bei einem Holzkohlegrill oder Gasgrill die Kuchen bei mittlerer Hitze direkt auf den geölten Rost legen. Decken Sie es ab und grillen Sie es 14 bis 16 Minuten lang oder bis es fertig ist (165 °F). Wenden Sie es nach der Hälfte des Grillvorgangs einmal.

5. In der Zwischenzeit für die Sauce das Olivenöl in einer kleinen Pfanne bei mittlerer Hitze erhitzen. Schnittlauch und 1 Esslöffel Ingwer hinzufügen; bei mittlerer Hitze 2 Minuten kochen oder bis die Zwiebel weich wird. Fügen Sie ½ Tasse Cashewbutter (restliche Cashewbutter bis zu 1 Woche im Kühlschrank aufbewahren), Chiliöl, Zitronensaft und Fünf-Gewürze-Pulver hinzu. Weitere 2 Minuten kochen. Von der Hitze nehmen.

6. Legen Sie die Empanadas auf die Salatblätter. Soße darüber träufeln.

TÜRKISCHER HÄHNCHEN-WRAP

HAUSAUFGABEN: 25 Minuten Ruhezeit: 15 Minuten Kochzeit: 8 Minuten Ausbeute: 4 bis 6 Portionen

„BAHARAT" BEDEUTET AUF ARABISCH EINFACH „GEWÜRZ". ALS VIELSEITIGES GEWÜRZ IN DER KÜCHE DES NAHEN OSTENS WIRD ES OFT ALS RUB AUF FISCH, GEFLÜGEL UND FLEISCH VERWENDET ODER MIT OLIVENÖL GEMISCHT UND ALS MARINADE FÜR GEMÜSE VERWENDET. EINE KOMBINATION AUS SÜSSEN UND WARMEN GEWÜRZEN WIE ZIMT, KREUZKÜMMEL, KORIANDER, NELKEN UND PAPRIKA MACHT ES BESONDERS AROMATISCH. DAS HINZUFÜGEN VON GETROCKNETER MINZE IST EIN TÜRKISCHER TOUCH.

- ⅓ Tasse schwefelfreie getrocknete Aprikosen, gehackt
- ⅓ Tasse gehackte getrocknete Feigen
- 1 Esslöffel unraffiniertes Kokosöl
- 1½ Pfund gemahlene Hähnchenbrust
- 3 Tassen gehackter Lauch (nur weiße und hellgrüne Teile) (3)
- ⅔ einer mittelgroßen grünen und/oder roten Paprika, in dünne Scheiben geschnitten
- 2 Esslöffel Baharat-Gewürz (siehe Verschreibung, unter)
- 2 Knoblauchzehen gehackt
- 1 Tasse kernlose Tomaten, gehackt (2 mittel)
- 1 Tasse kernlose Gurke, gehackt (½ mittelgroß)
- ½ Tasse ungesalzene Pistazien, geschält und gehackt, geröstet (vgl mager)
- ¼ Tasse gehackte frische Minze
- ¼ Tasse gehackte frische Petersilie
- 8 bis 12 große Butterkopf- oder Bibb-Salatblätter

1. Aprikosen und Feigen in eine kleine Schüssel geben. Fügen Sie ⅔ Tasse kochendes Wasser hinzu; 15 Minuten ruhen lassen. Abgießen, dabei ½ Tasse Flüssigkeit auffangen.

2. In der Zwischenzeit Kokosöl bei mittlerer Hitze in einer extra großen Pfanne erhitzen. Fügen Sie gemahlenes Huhn hinzu; 3 Minuten garen, dabei mit einem Holzlöffel umrühren, um das Fleisch beim Garen aufzubrechen. Lauch, Paprika, Baharat-Gewürz und Knoblauch hinzufügen; kochen und etwa 3 Minuten lang umrühren oder bis das Huhn durchgegart und der Pfeffer weich ist. Aprikosen, Feigen, aufgefangene Flüssigkeit, Tomaten und Gurke zugeben. Kochen und rühren Sie etwa 2 Minuten lang oder bis die Tomaten und Gurken zu zerfallen beginnen. Pistazien, Minze und Petersilie hinzufügen.

3. Hähnchen und Gemüse auf Salatblättern servieren.

Baharat-Gewürz: Kombinieren Sie in einer kleinen Schüssel 2 Esslöffel süßen Paprika; 1 Esslöffel schwarzer Pfeffer; 2 Teelöffel getrocknete Minze, fein zerstoßen; 2 Teelöffel gemahlener Kreuzkümmel; 2 Teelöffel gemahlener Koriander; 2 Teelöffel gemahlener Zimt; 2 Teelöffel gemahlene Nelken; 1 Teelöffel gemahlene Muskatnuss; und 1 Teelöffel gemahlener Kardamom. In einem fest verschlossenen Behälter bei Raumtemperatur lagern. Ergibt etwa ½ Tasse.

KORNISCHE SPANISCHE HÜHNER

HAUSAUFGABEN:10 Minuten backen: 30 Minuten backen: 6 Minuten Ausbeute: 2-3 Portionen

DIESES REZEPT KÖNNTE NICHT EINFACHER SEIN,,UND DIE ERGEBNISSE SIND ABSOLUT ERSTAUNLICH. VIEL GERÄUCHERTER PAPRIKA, KNOBLAUCH UND ZITRONE VERLEIHEN DIESEN KLEINEN VÖGELN VIEL GESCHMACK.

2 1½-Pfund-Cornish-Hühner, aufgetaut, wenn sie gefroren sind

1 Esslöffel Olivenöl

6 gehackte Knoblauchzehen

2 bis 3 Esslöffel süßer geräucherter Paprika

¼ bis ½ Teelöffel Cayennepfeffer (optional)

2 Zitronen, geviertelt

2 Esslöffel gehackte frische Petersilie (optional)

1. Ofen auf 375°F vorheizen. Um Wildhühner zu schuppen, verwenden Sie eine Küchenschere oder ein scharfes Messer, um an beiden Seiten des schmalen Grats entlang zu schneiden. Butterfly den Vogel öffnen und das Huhn durch das Brustbein halbieren. Entfernen Sie die Hinterviertel, indem Sie die Haut und das Fleisch abschneiden, indem Sie die Oberschenkel von der Brust trennen. Halten Sie den Flügel und die Brust intakt. Olivenöl über die Cornish-Hähnchenstücke reiben. Mit gehacktem Knoblauch bestreuen.

2. Legen Sie die Hähnchenteile mit der Hautseite nach oben in eine extra große ofenfeste Pfanne. Mit geräuchertem Paprika und Cayennepfeffer bestreuen. Zitronenviertel über dem Hähnchen auspressen; Zitronenviertel in die Pfanne geben. Drehen Sie die Hähnchenteile mit der

Hautseite nach unten in die Pfanne. Abdecken und 30 Minuten backen. Nimm die Pfanne aus dem Ofen.

3. Den Grill vorheizen. Drehen Sie die Stücke mit einer Zange um. Ofenrost anpassen. Grillen Sie 4 bis 5 Zoll von der Hitze für 6 bis 8 Minuten, bis die Haut gebräunt und das Huhn durchgegart ist (175 ° F). Pfannensaft darüber träufeln. Nach Belieben mit Petersilie bestreuen.

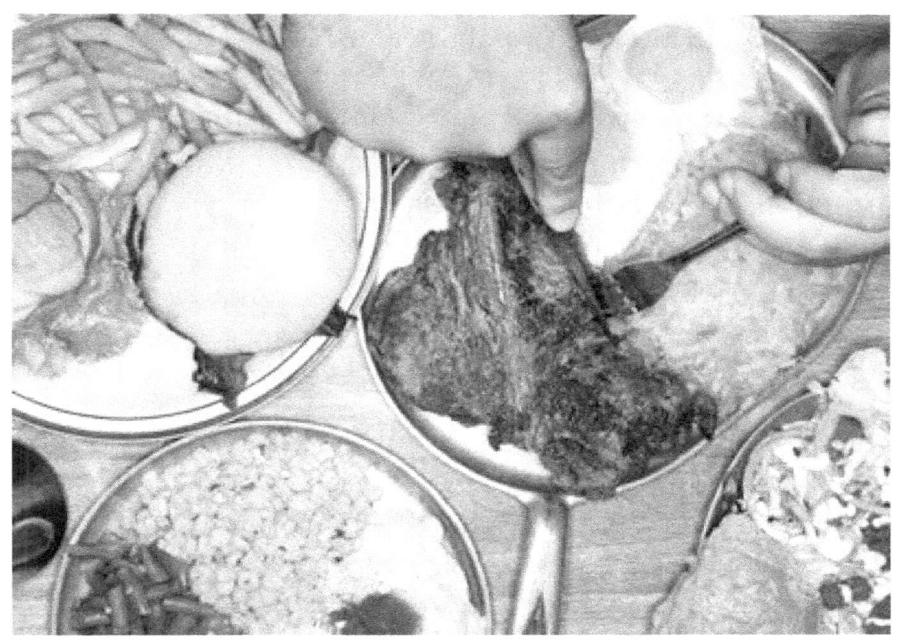

ENTENBRUST MIT GRANATAPFEL UND JÍCAMA-SALAT

HAUSAUFGABEN: 15 Minuten Kochzeit: 15 Minuten Ausbeute: 4 Portionen

SCHNEIDEN SIE EIN RAUTENMUSTER AUF DAS FETT IN DER ENTENBRUST LÄSST DAS FETT ABTROPFEN, WÄHREND DIE MIT GARAM MASALA GEWÜRZTE BRUST GEGART WIRD. DAS FETT WIRD MIT JICAMA, GRANATAPFELKERNEN, ORANGENSAFT UND RINDERBRÜHE VERMISCHT UND MIT GEWÜRZTEM GEMÜSE LEICHT ZUSAMMENFALLEN LASSEN.

- 4 Muscovy-Entenbrüste ohne Knochen (insgesamt etwa 1½ bis 2 Pfund)
- 1 Esslöffel Garam Masala
- 1 Esslöffel unraffiniertes Kokosöl
- 2 Tassen Jicama, geschält und gewürfelt
- ½ Tasse Granatapfelkerne
- ¼ Tasse frischer Orangensaft
- ¼ Tasse Rinderknochenbrühe (vgl. Verschreibung) oder ungesalzene Rinderbrühe
- 3 Tassen Brunnenkresse, Stiele entfernt
- 3 Tassen geriebene Frisée und/oder dünn geschnittene belgische Endivie

1. Mit einem scharfen Messer im Abstand von 2,5 cm flache, rautenförmige Einschnitte in das Fett der Entenbrust machen. Streuen Sie Garam Masala auf beide Seiten der Brusthälften. Eine extra große Pfanne bei mittlerer Hitze erhitzen. Kokosöl in einer heißen Pfanne schmelzen. Die Brusthälften mit der Hautseite nach unten in eine Pfanne legen. 8 Minuten mit der Hautseite nach unten garen, dabei darauf achten, dass sie nicht zu schnell braun werden (bei Bedarf die Hitze reduzieren). Drehen Sie die Entenbrüste um; kochen Sie weitere 5 bis 6 Minuten oder bis ein sofort ablesbares Thermometer, das in die

Brusthälften eingeführt wird, 145 ° F für Medium anzeigt. Brusthälften entfernen, Fett in der Pfanne aufbewahren; Zum Warmhalten mit Alufolie abdecken.

2. Für das Dressing Jicama in das Pfannenfett geben; kochen und 2 Minuten bei mittlerer Hitze rühren. Granatapfelkerne, Orangensaft und Rinderbrühe in die Pfanne geben. Zum Kochen bringen; sofort vom Herd nehmen.

3. Für den Salat Brunnenkresse und Frisée in einer großen Schüssel mischen. Heißes Dressing über das Gemüse gießen; werfen zu tragen.

4. Den Salat auf vier Teller verteilen. Entenbrust in dünne Scheiben schneiden und zu Salaten geben.

GEBRATENER TRUTHAHN MIT KNOBLAUCHWURZELPÜREE

HAUSAUFGABEN:1 Stunde Braten: 2 Stunden 45 Minuten Ruhen: 15 Minuten
Ergiebigkeit: 12 bis 14 Portionen

SUCHEN SIE NACH EINEM TRUTHAHN, DER HATWURDE KEINE KOCHSALZLÖSUNG INJIZIERT. WENN AUF DEM ETIKETT „VERBESSERT" ODER „SELBST INJIZIERT" STEHT, IST ES WAHRSCHEINLICH VOLLER NATRIUM UND ANDERER ZUSÄTZE.

1 Truthahn 12 bis 14 Pfund

2 Esslöffel mediterrane Gewürze (vglVerschreibung)

¼ Tasse Olivenöl

3 Pfund mittelgroße Karotten, geschält, getrimmt und der Länge nach halbiert oder geviertelt

1 Rezept für Knoblauchwurzelpaste (vglVerschreibung, unter)

1. **Backofen auf 425 °F vorheizen. Hals und Innereien vom Truthahn entfernen; Bestellung für andere Verwendungen, falls gewünscht. Lösen Sie vorsichtig die Haut am Rand der Brust. Schieben Sie Ihre Finger unter die Haut, um eine Tasche oben auf der Brust und oben auf den Unterschenkeln zu bilden. Gießen Sie 1 Esslöffel mediterranes Gewürz unter die Haut; Verwenden Sie Ihre Finger, um es gleichmäßig über Brust und Bauch zu verteilen. Ziehen Sie die Halshaut zurück; mit Spießen befestigen. Stecken Sie die Enden der Unterkeulen unter das Lederband entlang des Schwanzes. Wenn kein Hautband verfügbar ist, binden Sie die Trommelbacken mit Küchengarn aus 100 % Baumwolle fest an den Schwanz. Drehen Sie die Flügelspitzen unter den Rücken.**

2. Legen Sie die Putenbrust mit der Seite nach oben auf einen Rost in einer extra großen flachen Bratpfanne. Truthahn mit 2 EL Öl bepinseln. Den Truthahn mit den restlichen mediterranen Gewürzen bestreuen. Führen Sie ein Ofenfleischthermometer in die Mitte des inneren Oberschenkelmuskels ein; das Thermometer darf den Knochen nicht berühren. Decken Sie den Truthahn locker mit Folie ab.

3. 30 Minuten grillen. Reduzieren Sie die Ofentemperatur auf 325 ° F. 1 ½ Stunden braten. Kombinieren Sie in einer extra großen Schüssel Karotten und die restlichen 2 Esslöffel Öl; werfen zu tragen. Karotten auf einem großen Backblech verteilen. Entfernen Sie die Folie vom Truthahn und schneiden Sie einen Streifen Haut oder Schnur zwischen die Keulen. Karotten und Truthahn 45 Minuten bis 1¼ Stunden länger braten oder bis ein Thermometer 175 °F anzeigt.

4. Truthahn aus dem Ofen nehmen. Abdeckung; Lassen Sie es vor dem Schneiden 15 bis 20 Minuten ruhen. Truthahn mit Karotten und zerdrückten Knoblauchwurzeln servieren.

Knoblauchwurzelpüree: Schneiden und schälen Sie 3 bis 3½ Pfund Steckrüben und 1½ bis 2 Pfund Selleriewurzel; in 2-Zoll-Stücke schneiden. Kochen Sie in einem 6-Liter-Topf Steckrüben und Selleriewurzel in ausreichend kochendem Wasser, um 25 bis 30 Minuten oder bis sie sehr weich sind, abzudecken. In der Zwischenzeit 3 Esslöffel natives Öl extra in einem kleinen Topf mit 6 bis 8 gehackten Knoblauchzehen vermischen. 5 bis 10 Minuten köcheln lassen oder bis der Knoblauch sehr duftet, aber nicht braun ist. Fügen Sie vorsichtig ¾ Tasse Hühnerknochenbrühe hinzu (siehe Verschreibung) oder Hühnerbrühe ohne Salzzusatz. Zum Kochen bringen; Von der Hitze nehmen. Das Gemüse abtropfen lassen und zurück in den Topf geben. Das Gemüse mit einem Kartoffelstampfer zerdrücken oder mit einem elektrischen Mixer bei schwacher Hitze schlagen. Fügen Sie ½ Teelöffel schwarzen Pfeffer hinzu. Die Brühe nach und nach pürieren oder unterrühren, bis das Gemüse vermischt und fast glatt ist. Fügen Sie bei Bedarf eine zusätzliche ¼ Tasse Hühnerknochenbrühe für die gewünschte Konsistenz hinzu.

GEFÜLLTE PUTENBRUST MIT PESTOSAUCE UND RUCOLASALAT

HAUSAUFGABEN:Braten 30 Minuten: 1 Stunde 30 Minuten Ruhen: 20 Minuten
Ergiebigkeit: 6 Portionen

DIES IST FÜR LIEBHABER VON WEIßEM FLEISCH.OUT THERE, KNUSPRIGE PUTENBRUST GEFÜLLT MIT SONNENGETROCKNETEN TOMATEN, BASILIKUM UND MEDITERRANEN GEWÜRZEN. RESTE MACHEN EIN TOLLES MITTAGESSEN.

- 1 Tasse schwefelfreie sonnengetrocknete Tomaten (nicht in Öl verpackt)
- 1 4-Pfund-Putenbrusthälfte ohne Knochen mit Haut
- 3 TL mediterrane Gewürze (vglVerschreibung)
- 1 Tasse lose verpackte frische Basilikumblätter
- 1 Esslöffel Olivenöl
- 8 Unzen Baby-Rucola
- 3 große Tomaten, halbiert und in Scheiben geschnitten
- ¼ Tasse Olivenöl
- 2 Esslöffel Rotweinessig
- Schwarzer Pfeffer
- 1½ Tassen Basilikumpesto (sVerschreibung)

1. Heizen Sie den Ofen auf 375 °F vor. Gießen Sie in einer kleinen Schüssel genug kochendes Wasser über die sonnengetrockneten Tomaten, um sie zu bedecken. 5 Minuten einwirken lassen; abspülen und fein hacken.

2. Legen Sie die Putenbrust mit der Hautseite nach unten auf ein großes Stück Frischhaltefolie. Lege ein weiteres Stück Plastikfolie über den Truthahn. Schlagen Sie mit der flachen Seite eines Fleischhammers vorsichtig auf die Brust, bis sie gleichmäßig verteilt und etwa ¾ Zoll dick ist.

Entsorgen Sie die Plastikfolie. Streuen Sie 1½ Teelöffel mediterranes Gewürz über das Fleisch. Mit Tomaten und Basilikumblättern garnieren. Die Putenbrust vorsichtig aufrollen, dabei die Haut herauslassen. Verwenden Sie Küchengarn aus 100 % Baumwolle, um das Steak an vier bis sechs Stellen zu binden, um es zu sichern. Mit 1 EL Olivenöl bepinseln. Das Steak mit den restlichen 1½ Teelöffeln mediterranem Gewürz bestreuen.

3. Legen Sie den Braten mit der Hautseite nach oben auf einen Rost in einer flachen Pfanne. Unbedeckt 1½ Stunden grillen oder bis ein sofort ablesbares Thermometer in der Nähe der Mitte 165 ° F anzeigt und die Haut goldbraun und knusprig ist. Truthahn aus dem Ofen nehmen. Mit Folie locker abdecken; vor dem Schneiden 20 Minuten ruhen lassen.

4. Für den Rucolasalat in einer großen Schüssel Rucola, Tomaten, ¼ Tasse Olivenöl, Essig und Pfeffer nach Geschmack vermischen. Die Fäden vom Steak entfernen. Den Truthahn in dünne Scheiben schneiden. Mit Rucolasalat und Basilikumpesto servieren.

GEWÜRZTE PUTENBRUST MIT KIRSCH-BBQ-SAUCE

HAUSAUFGABEN:15 Minuten Braten: 1 Stunde 15 Minuten Ruhen: 45 Minuten
Ergiebigkeit: 6 bis 8 Portionen

DAS IST EIN GUTES REZEPTSERVIEREN SIE EINE MENSCHENMENGE AN EINEM GARTENGRILL, WENN SIE MEHR ALS NUR BURGER ZUBEREITEN MÖCHTEN. MIT EINEM KNACKIGEN SALAT SERVIEREN, WIE ZUM BEISPIEL EINEM KNACKIGEN BROKKOLISALAT (VGLVERSCHREIBUNG) ODER GEHOBELTER ROSENKOHLSALAT (VGLVERSCHREIBUNG).

1 ganze Putenbrust mit Knochen 4 bis 5 Pfund

3 Esslöffel geräucherte Gewürze (vglVerschreibung)

2 Esslöffel frischer Zitronensaft

3 Esslöffel Olivenöl

1 Tasse trockener Weißwein, wie Sauvignon Blanc

1 Tasse frische oder gefrorene ungesüßte Bing-Kirschen, entsteint und gehackt

⅓ Tasse Wasser

1 Tasse BBQ-Sauce (vglVerschreibung)

1. Putenbrust 30 Minuten bei Zimmertemperatur ruhen lassen. Ofen auf 325°F vorheizen. Putenbrust mit der Hautseite nach oben auf einen Rost in einen Bräter legen.

2. Mischen Sie in einer kleinen Schüssel die geräucherten Gewürze, den Zitronensaft und das Olivenöl zu einer Paste. Haut vom Fleisch entfernen; Die Hälfte des Teigs vorsichtig unter der Haut auf dem Fleisch verteilen. Den Rest gleichmäßig auf der Haut verteilen. Gießen Sie den Wein auf den Boden des Ofens.

3. 1¼ bis 1½ Stunden braten oder bis die Haut goldbraun ist und ein sofort ablesbares Thermometer in der Mitte des Bratens (ohne Knochen zu berühren) 170 ° F anzeigt, während die Bratpfanne nach der Hälfte des Garvorgangs gedreht wird. Vor dem Schneiden 15 bis 30 Minuten stehen lassen.

4. In der Zwischenzeit für die Kirsch-BBQ-Sauce die Kirschen und das Wasser in einem mittelgroßen Topf mischen. Zum Kochen bringen; Fieber senken. Ohne Deckel 5 Minuten köcheln lassen. BBQ-Sauce einrühren; 5 Minuten köcheln lassen. Warm oder bei Zimmertemperatur mit dem Truthahn servieren.

WEINBROT PUTENFILET

HAUSAUFGABEN:30 Minuten Kochzeit: 35 Minuten Ausbeute: 4 Portionen

DEN TRUTHAHN IN DER PFANNE GARENIN EINER MISCHUNG AUS WEIN, GEHACKTEN ROMA-TOMATEN, HÜHNERBRÜHE, FRISCHEN KRÄUTERN UND ZERDRÜCKTER ROTER PAPRIKA GIBT ES EINEN GROßARTIGEN GESCHMACK. SERVIEREN SIE DIESES EINTOPFÄHNLICHE GERICHT IN FLACHEN SCHÜSSELN MIT GROßEN LÖFFELN, UM MIT JEDEM BISSEN EIN WENIG VON DER WÜRZIGEN BRÜHE ZU BEKOMMEN.

- 2 8- bis 12-Unzen-Putenbrüste, in 1-Zoll-Stücke geschnitten
- 2 Esslöffel ohne Salz zum Würzen von Geflügel
- 2 Esslöffel Olivenöl
- 6 Knoblauchzehen, gehackt (1 Esslöffel)
- 1 Tasse gehackte Zwiebel
- ½ Tasse gehackter Sellerie
- 6 Roma-Tomaten, entkernt und gehackt (ca. 3 Tassen)
- ½ Tasse trockener Weißwein, wie Sauvignon Blanc
- ½ Tasse Hühnerknochenbrühe (vglVerschreibung) oder ungesalzene Hühnerbrühe
- ½ TL fein gehackter frischer Rosmarin
- ¼ bis ½ Teelöffel zerstoßener roter Pfeffer
- ½ Tasse frische Basilikumblätter, gehackt
- ½ Tasse gehackte frische Petersilie

1. In einer großen Schüssel Putenstücke mit Geflügelgewürz mischen, um sie zu bestreichen. Erhitzen Sie 1 Esslöffel Olivenöl bei mittlerer Hitze in einer extra großen beschichteten Pfanne. Den Truthahn portionsweise in heißem Öl anbraten, bis er von allen Seiten gebräunt ist. (Der Truthahn muss nicht durchgegart werden.) Auf einen Teller geben und warm halten.

2. Den restlichen 1 Esslöffel Olivenöl in die Pfanne geben. Erhöhen Sie die Hitze auf mittelhoch. Knoblauch hinzufügen; 1 Minute kochen und umrühren. Zwiebeln und Sellerie hinzufügen; 5 Minuten kochen und umrühren. Fügen Sie Truthahn- und Fettsäfte, Tomaten, Wein, Hühnerknochenbrühe, Rosmarin und zerstoßene rote Paprika hinzu. Reduziere die Hitze auf mittel-niedrig. Abdecken und 20 Minuten garen, gelegentlich umrühren. Basilikum und Petersilie zugeben. Aufdecken und weitere 5 Minuten kochen oder bis der Truthahn nicht mehr rosa ist.

GEBRATENE PUTENBRUST MIT SCHNITTLAUCHSAUCE UND GARNELEN

HAUSAUFGABEN:30 Minuten Kochzeit: 15 Minuten Ausbeute: 4 PortionenFEIGE

DIE PUTENBRUST HALBIERENWAAGERECHT SO GLEICHMÄßIG WIE MÖGLICH, DRÜCKEN SIE LEICHT MIT DER HANDFLÄCHE DARAUF UND ÜBEN SIE GLEICHMÄßIGEN DRUCK AUS, WÄHREND SIE DAS FLEISCH DURCHSCHNEIDEN.

- ¼ Tasse Olivenöl
- 2 8- bis 12-Unzen-Putenbrüste, horizontal halbiert
- ¼ TL frisch gemahlener schwarzer Pfeffer
- 3 Esslöffel Olivenöl
- 4 Knoblauchzehen, gehackt
- 8 Unzen mittelgroße Garnelen, geschält und entdarmt, Schwänze entfernt, längs halbiert
- ¼ Tasse trockener Weißwein, Hühnerknochenbrühe (vglVerschreibung) oder ungesalzene Hühnerbrühe
- 2 EL frischer Schnittlauch in Streifen geschnitten
- ½ Teelöffel fein abgeriebene Zitronenschale
- 1 Esslöffel frischer Zitronensaft
- Kürbis- und Tomatennudeln (vglVerschreibung, unten) (optional)

1. Erhitzen Sie 1 Esslöffel Olivenöl bei mittlerer Hitze in einer großen Pfanne. Truthahn in die Pfanne geben; mit Pfeffer bestreuen. Hitze auf mittel reduzieren. Kochen Sie für 12 bis 15 Minuten oder bis sie nicht mehr rosa sind und die Säfte klar sind (165 ° F). Wenden Sie sie nach der Hälfte des Garvorgangs einmal. Putenfilet aus der Pfanne nehmen. Zum Warmhalten mit Alufolie abdecken.

2. Für die Sauce in derselben Pfanne 3 Esslöffel Öl bei mittlerer Hitze erhitzen. Knoblauch hinzufügen; 30 Sekunden kochen. Garnelen hinzufügen; 1 Minute kochen und umrühren. Wein, Frühlingszwiebel und Zitronenschale zugeben; kochen und 1 Minute länger rühren oder bis die Garnelen undurchsichtig sind. Vom Herd nehmen; Zitronensaft hinzufügen. Zum Servieren die Sauce über die Putenfilets gießen. Nach Belieben mit Kürbisnudeln und Tomaten servieren.

Kürbis- und Tomatennudeln: Schneiden Sie mit einem Mandolinen- oder Julienne-Schäler 2 gelbe Sommerkürbisse in Julienne-Streifen. In einer großen Pfanne 1 Esslöffel natives Olivenöl extra bei mittlerer bis hoher Hitze erhitzen. Kürbisstreifen hinzufügen; 2 Minuten kochen. Fügen Sie 1 Tasse geviertelte Traubentomaten und ¼ Teelöffel frisch gemahlenen schwarzen Pfeffer hinzu; Kochen Sie für weitere 2 Minuten oder bis der Kürbis knusprig ist.

GEBRATENER TRUTHAHN MIT WURZELGEMÜSE

HAUSAUFGABEN:30 Minuten Garzeit: 1 Stunde 45 Minuten Ergiebigkeit: 4 Portionen

DIES IST EINES DIESER GERICHTE.SIE AN EINEM KALTEN HERBSTNACHMITTAG MACHEN MÖCHTEN, WENN SIE ZEIT HABEN, SPAZIEREN ZU GEHEN, WÄHREND ES IM OFEN KÖCHELT. WEM BEWEGUNG NICHT GERADE APPETIT MACHT, DEM WIRD ES BESTIMMT DER HERRLICHE DUFT BEIM BETRETEN NACH HAUSE TUN.

- 3 Esslöffel Olivenöl
- 4 Putenkeulen, 20 bis 24 Unzen
- ½ TL frisch gemahlener schwarzer Pfeffer
- 6 Knoblauchzehen, geschält und gehackt
- 1½ TL Fenchelsamen, gemahlen
- 1 Teelöffel ganzes Kraut, zerdrückt*
- 1½ Tassen Hühnerknochenbrühe (vgl Verschreibung) oder ungesalzene Hühnerbrühe
- 2 Zweige frischer Rosmarin
- 2 Zweige frischer Thymian
- 1 Lorbeerblatt
- 2 große Zwiebeln, geschält und in je 8 Keile geschnitten
- 6 große Karotten, geschält und in 1-Zoll-Scheiben geschnitten
- 2 große Rüben, geschält und in 1-Zoll-Würfel geschnitten
- 2 mittelgroße Pastinaken, geschält und in 2,5 cm dicke Scheiben geschnitten**
- 1 Selleriewurzel, geschält und in 1-Zoll-Stücke geschnitten

1. Backofen auf 350 °F vorheizen. In einer großen Pfanne Olivenöl bei mittlerer Hitze erhitzen, bis es schimmert. Fügen Sie 2 der Putenkeulen hinzu. Etwa 8 Minuten backen oder bis die Keulen von allen Seiten goldbraun und knusprig sind und wieder gleichmäßig braun werden.

Putenkeulen auf einen Teller geben; Wiederholen Sie mit den restlichen 2 Truthahnbeinen. Beiseite legen.

2. Pfeffer, Knoblauch, Fenchelsamen und Kräuter in die Pfanne geben. Kochen und rühren Sie bei mittlerer Hitze für 1 bis 2 Minuten oder bis es duftet. Hühnerknochenbrühe, Rosmarin, Thymian und Lorbeerblatt hinzugeben. Zum Kochen bringen und umrühren, um braune Stücke vom Boden der Pfanne abzukratzen. Die Pfanne vom Herd nehmen und beiseite stellen.

3. In einem großen Schmortopf mit dicht schließendem Deckel Zwiebeln, Karotten, Rüben, Pastinaken und Selleriewurzel mischen. Flüssigkeit aus der Pfanne hinzufügen; werfen zu tragen. Die Putenkeulen in die Gemüsemischung drücken. Mit einem Deckel verschlossen.

4. Etwa 1 Stunde und 45 Minuten backen oder bis das Gemüse weich und der Truthahn durchgegart ist. Truthahn und Gemüse in großen, flachen Schüsseln servieren. Pfannensaft darüber träufeln.

*Tipp: Um die Piment- und Fenchelsamen zu zerkleinern, legen Sie die Samen auf ein Schneidebrett. Drücken Sie mit der glatten Seite eines Kochmessers nach unten, um die Samen leicht zu zerdrücken.

**Tipp: Die großen Stücke von der Spitze der Pastinaken würfeln.

PUTENHACKBRATEN MIT KRÄUTERN, KARAMELLISIERTER ZWIEBELSAUCE UND GERÖSTETEN KOHLSCHIFFCHEN

HAUSAUFGABEN:15 Minuten kochen: 30 Minuten backen: 1 Stunde 10 Minuten ruhen: 5 Minuten Ausbeute: 4 Portionen

DER KLASSISCHE HACKBRATEN MIT KETCHUP IST IN DER TATAUF DEM PALEO-MENÜ, WENN KETCHUP (SIEHEVERSCHREIBUNG) IST FREI VON SALZ UND ZUCKERZUSATZ. HIER WIRD TOMATENSAUCE MIT KARAMELLISIERTEN ZWIEBELN VERMISCHT, DIE VOR DEM BACKEN AUF DEN HACKBRATEN GESTAPELT WERDEN.

- 1½ Pfund gemahlener Truthahn
- 2 Eier, leicht geschlagen
- ½ Tasse Mandelmehl
- ⅓ Tasse gehackte frische Petersilie
- ¼ Tasse dünn geschnittene rote Zwiebel (2)
- 1 Esslöffel geriebener frischer Salbei oder 1 Teelöffel zerstoßener getrockneter Salbei
- 1 Esslöffel geriebener frischer Thymian oder 1 Teelöffel getrockneter Thymian, zerdrückt
- ¼ TL schwarzer Pfeffer
- 2 Esslöffel Olivenöl
- 2 süße Zwiebeln, halbiert und in dünne Scheiben geschnitten
- 1 Tasse Paleo Ketchup (vglVerschreibung)
- 1 kleiner Kohlkopf, halbiert, entkernt und in 8 Spalten geschnitten
- ½ bis 1 Teelöffel zerstoßener roter Pfeffer

1. Ofen auf 350° F vorheizen. Eine große Auflaufform mit Pergamentpapier auslegen; beiseite legen. Mischen Sie in einer großen Schüssel Putenhackfleisch, Ei, Mandelmehl, Petersilie, Schnittlauch, Salbei, Thymian und schwarzen

Pfeffer. Formen Sie die Putenmischung auf dem vorbereiteten Backblech zu einer 8 × 4-Zoll-Pfanne. 30 Minuten backen.

2. In der Zwischenzeit für die karamellisierte Tomatensauce in einer großen Pfanne 1 Esslöffel Olivenöl bei mittlerer Hitze erhitzen. Zwiebeln hinzufügen; Kochen Sie etwa 5 Minuten oder bis die Zwiebel anfängt zu bräunen, wobei Sie häufig umrühren. Reduzieren Sie die Hitze auf mittelniedrig; Kochen Sie etwa 25 Minuten oder bis sie goldbraun und sehr zart sind, gelegentlich umrühren. Vom Herd nehmen; füge Paleo-Ketchup hinzu.

3. Etwas karamellisierte Tomatensauce über das Putenbrötchen geben. Kohlscheiben um das Brot legen. Kohl mit restlichem Esslöffel Olivenöl schwenken; mit zerkleinertem rotem Pfeffer bestreuen. Etwa 40 Minuten backen oder bis ein in die Mitte des Stabs eingesetztes, sofort ablesbares Thermometer 165 °F anzeigt, mit karamellisierter Zwiebel-Tomatensauce übergießen und die Kohlscheiben nach 20 Minuten wenden. Lassen Sie das Putenbratling 5 bis 10 Minuten ruhen, bevor Sie es in Scheiben schneiden.

4. Servieren Sie das Putenbratling mit den restlichen Kohlscheiben und der karamellisierten Tomatensauce.

TÜRKEI POSOLE

HAUSAUFGABEN:20 Minuten zum Braten: 8 Minuten zum Garen: 16 Minuten für: 4 Portionen

DIE ZUTATEN FÜR DIESE SCHARFE SUPPE NACH MEXIKANISCHER ARTSIE SIND MEHR ALS BEILAGEN. KORIANDER FÜGT EINEN UNVERWECHSELBAREN GESCHMACK HINZU, AVOCADO FÜGT CREMIGKEIT HINZU UND GERÖSTETE PEPITAS SORGEN FÜR EINEN KÖSTLICHEN CRUNCH.

8 frische Tomaten

1¼ bis 1½ Pfund Putenhackfleisch

1 rote Paprika, entkernt und in dünne Streifen geschnitten

½ Tasse gehackte Zwiebel (1 mittelgroß)

6 Knoblauchzehen, gehackt (1 Esslöffel)

1 Esslöffel mexikanisches Gewürz (sieheVerschreibung)

2 Tassen Hühnerknochenbrühe (vglVerschreibung) oder ungesalzene Hühnerbrühe

1 14,5 Unzen Dose ohne Salzzusatz feuergeröstete Tomaten, undrainiert

1 Jalapeño- oder Serrano-Pfeffer, entkernt und gehackt (vglmager)

1 mittelgroße Avocado, halbiert, geschält, entkernt und in dünne Scheiben geschnitten

¼ Tasse ungesalzene Pepitas, geröstet (vglmager)

¼ Tasse frischer Koriander, gehackt

Zitronenscheiben

1. Den Grill vorheizen. Die Tomaten schälen und entsorgen. Tomaten waschen und halbieren. Legen Sie die Tomatillo-Hälften auf einen unbeheizten Rost in einer Bratpfanne. Grillen Sie 4 bis 5 Zoll von der Hitze für 8 bis 10 Minuten oder bis sie leicht verkohlt sind, und drehen Sie sie nach der Hälfte der Zeit einmal um. In der Pfanne auf einem Kuchengitter etwas abkühlen.

2. In der Zwischenzeit in einer großen Pfanne Truthahn, Paprika und Zwiebel bei mittlerer Hitze 5 bis 10 Minuten kochen oder bis der Truthahn goldbraun und das Gemüse zart ist, mit einem Holzlöffel umrühren, um das Fleisch während des Kochens zu zerkleinern. Gegebenenfalls Fett abgießen. Fügen Sie den Knoblauch und das mexikanische Gewürz hinzu. Noch 1 Minute kochen und umrühren.

3. Etwa zwei Drittel der verkohlten Tomaten in einem Mixer und 1 Tasse Hühnerknochenbrühe pürieren. Abdecken und glatt rühren. Fügen Sie Truthahnmischung in Pfanne hinzu. Fügen Sie 1 Tasse Hühnerknochenbrühe, nicht abgetropfte Tomaten und Chili hinzu. Restliche Tomaten grob hacken; zur Putenmischung geben. Zum Kochen bringen; Fieber senken. Abdecken und bei schwacher Hitze 10 Minuten garen.

4. Zum Servieren die Suppe in flache Schalen schöpfen. Mit Avocado, Pepitas und Koriander toppen. Limettenscheiben zum Auspressen über die Suppe legen.

HÜHNERKNOCHENBRÜHE

HAUSAUFGABEN:15 Minuten Braten: 30 Minuten Kochen: 4 Stunden Kühlen: über Nacht
Ergibt: etwa 10 Tassen

FÜR DEN BESTEN GESCHMACK AM FRISCHESTEN UND HÖCHSTENNÄHRSTOFFGEHALT: VERWENDEN SIE IN IHREN REZEPTEN HAUSGEMACHTE HÜHNERBRÜHE. (ES ENTHÄLT AUCH KEIN SALZ, KONSERVIERUNGSMITTEL ODER ZUSATZSTOFFE). DAS RÖSTEN DER KNOCHEN VOR DEM KOCHEN VERBESSERT DEN GESCHMACK. BEIM LANGSAMEN GAREN IN FLÜSSIGKEIT REICHERN DIE KNOCHEN DIE BRÜHE MIT MINERALIEN WIE KALZIUM, PHOSPHOR, MAGNESIUM UND KALIUM AN. DIE FOLGENDE SCHONGARER-VARIANTE MACHT ES BESONDERS EINFACH. FRIEREN SIE ES IN 2-TASSEN- UND 4-TASSEN-BEHÄLTERN EIN UND TAUEN SIE NUR DAS AUF, WAS SIE BRAUCHEN.

- 2 Pfund Hähnchenflügel und Filets
- 4 Karotten, gehackt
- 2 große Lauchstangen, nur weiße und hellgrüne Teile, in dünne Scheiben geschnitten
- 2 Stangen Sellerie mit Blättern, grob gehackt
- 1 Pastinake, grob gehackt
- 6 große Zweige italienische (flachblättrige) Petersilie
- 6 Zweige frischer Thymian
- 4 Knoblauchzehen, halbiert
- 2 Teelöffel ganze schwarze Pfefferkörner
- 2 ganze Nelken
- Kaltes Wasser

1. Backofen auf 425 °F vorheizen. Hähnchenflügel und Filet auf ein großes Backblech legen; 30 bis 35 Minuten grillen oder bis sie gut gebräunt sind.

2. Übertragen Sie die gebräunten Hähnchenstücke und angesammelten gebräunten Stücke auf das Backblech in einem großen Topf. Karotten, Lauch, Sellerie, Pastinaken, Petersilie, Thymian, Knoblauch, Pfefferkörner und Nelken zugeben. Geben Sie ausreichend kaltes Wasser (ca. 12 Tassen) in einen großen Topf, um das Huhn und das Gemüse zu bedecken. Bei mittlerer Hitze zum Kochen bringen; Stellen Sie die Hitze so ein, dass die Brühe sehr langsam köchelt und Blasen gerade an der Oberfläche aufsteigen. Zugedeckt bei schwacher Hitze 4 Stunden garen.

3. Die heiße Brühe durch ein großes Sieb passieren, das mit zwei Lagen feuchtem Käsetuch aus 100 % Baumwolle ausgelegt ist. Feststoffe verwerfen. Die Brühe abdecken und über Nacht kühl stellen. Entfernen Sie vor der Verwendung die Fettschicht von der Oberseite der Brühe und werfen Sie sie weg.

Tipp: Um die Brühe (optional) zu klären, mischen Sie 1 Eiweiß, 1 zerdrückte Eierschale und ¼ Tasse kaltes Wasser in einer kleinen Schüssel. Rühren Sie die Mischung in die passierte Brühe in einem Topf. Wieder zum Kochen bringen. Vom Herd nehmen; 5 Minuten stehen lassen. Heiße Brühe durch ein Sieb passieren, das mit einer frischen doppelten Schicht Käsetuch aus 100 % Baumwolle ausgelegt ist. Vor Gebrauch abkühlen und Fett abschöpfen.

Anweisungen für den Slow Cooker: Bereiten Sie die Zutaten gemäß den Anweisungen vor, mit Ausnahme von Schritt 2, und geben Sie die Zutaten in einen 5- bis 6-Liter-Slow

Cooker. Abdecken und 12 bis 14 Stunden auf niedriger Stufe garen. Fahren Sie wie in Schritt 3 beschrieben fort. Ergibt etwa 10 Tassen.

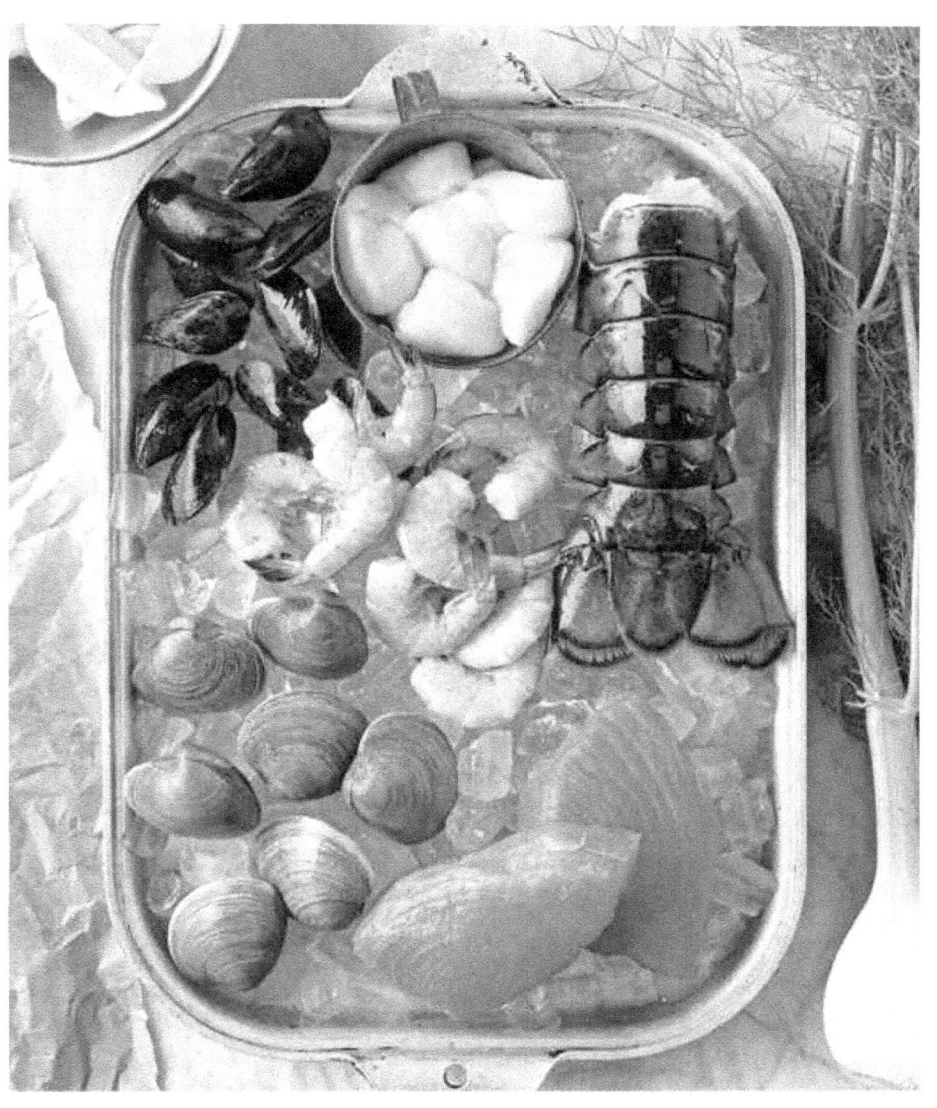

GRÜNER HARISSA-LACHS

HAUSAUFGABEN:Backen 25 Minuten: 10 Minuten Grillen: 8 Minuten Ausbeute: 4 PortionenFEIGE

ES WIRD EIN NORMALER GEMÜSESCHÄLER VERWENDET.UM FRISCHEN ROHEN SPARGEL FÜR SALAT IN DÜNNE STREIFEN ZU SCHNEIDEN. GESCHWENKT MIT EINER HELLEN ZITRUS-VINAIGRETTE (VGLVERSCHREIBUNG) UND GARNIERT MIT GERÖSTETEN UND GERÄUCHERTEN SONNENBLUMENKERNEN IST ES EINE ERFRISCHENDE BEILAGE ZU LACHS UND EINER WÜRZIGEN GRÜNEN KRÄUTERSOßE.

LACHS
4 frische oder gefrorene Lachsfilets ohne Haut, 6 bis 8 Unzen, etwa 1 Zoll dick

Olivenöl

HARISSA
1½ TL Kreuzkümmel

1½ TL Koriandersamen

1 Tasse dicht gepackte frische Petersilienblätter

1 Tasse grob gehackter frischer Koriander (Blätter und Stiele)

2 Jalapeños, entkernt und grob gehackt (vglmager)

1 Frühlingszwiebel, gehackt

2 Knoblauchzehen

1 Teelöffel fein abgeriebene Zitronenschale

2 Esslöffel frischer Zitronensaft

⅓ Tasse Olivenöl

GEWÜRZTE SONNENBLUMENKERNE
⅓ Tasse rohe Sonnenblumenkerne

1 TL Olivenöl

1 Teelöffel Räuchergewürz (vglVerschreibung)

SALAT

12 große Spargelstangen, getrimmt (ca. 1 Pfund)

⅓ Tasse helle Zitrus-Vinaigrette (vgl Verschreibung)

1. Fisch auftauen, falls er gefroren ist; mit einem Papiertuch trocknen. Beide Seiten des Fisches leicht mit Olivenöl bepinseln. Beiseite legen.

2. Für das Harissa die Kreuzkümmel- und Koriandersamen in einer kleinen Pfanne bei mittlerer Hitze 3 bis 4 Minuten rösten oder bis sie leicht geröstet sind und duften. Gerösteten Kreuzkümmel und Koriandersamen, Petersilie, Koriander, Jalapeños, Frühlingszwiebeln, Knoblauch, Zitronenschale, Zitronensaft und Olivenöl in einer Küchenmaschine mischen. Glatt arbeiten. Beiseite legen.

3. Für gewürzte Sonnenblumenkerne Ofen auf 300° F vorheizen. Ein Backblech mit Pergamentpapier auslegen; beiseite legen. Mischen Sie die Sonnenblumenkerne und 1 Teelöffel Olivenöl in einer kleinen Schüssel. Streuen Sie dampfende Gewürze über die Samen; werfen zu tragen. Die Sonnenblumenkerne gleichmäßig auf dem Backpapier verteilen. Etwa 10 Minuten backen oder bis sie leicht geröstet sind.

4. Für einen Holzkohlegrill oder Gasgrill legen Sie den Lachs bei mittlerer Hitze direkt auf einen gefetteten Grillrost. Abdecken und 8 bis 12 Minuten lang grillen oder bis der Fisch beim Testen mit einer Gabel zu schuppen beginnt, dabei einmal nach der Hälfte des Grills wenden.

5. In der Zwischenzeit für den Salat den Spargel mit einem Gemüseschäler in lange, dünne Streifen schneiden. In eine mittelgroße Schüssel oder Platte geben. (Die Spitzen

brechen ab, wenn die Stängel dünner werden, geben Sie sie auf einen Teller oder eine Schüssel.) Träufeln Sie die helle Zitrus-Vinaigrette über die rasierten Stängel. Mit gewürzten Sonnenblumenkernen bestreuen.

6. Zum Servieren je ein Filet auf vier Teller legen; ein Löffel grüne Harissa pro Filet. Mit geraspeltem Spargelsalat servieren.

GEGRILLTER LACHS MIT MARINIERTEM ARTISCHOCKENSALAT

HAUSAUFGABEN:20 Minuten grillen: 12 Minuten ergeben: 4 Portionen

OFT DIE BESTEN WERKZEUGE FÜR DIE SALATZUBEREITUNGSIND DEINE HÄNDE DAS GEMÜSE UND DIE GEGRILLTEN ARTISCHOCKEN AM BESTEN MIT SAUBEREN HÄNDEN GLEICHMÄßIG IN DIESEN SALAT EINARBEITEN.

4 frische oder gefrorene 6-Unzen-Lachsfilets

1 9-Unzen-Paket gefrorene Artischockenherzen, aufgetaut und abgetropft

5 Esslöffel Olivenöl

2 Esslöffel gehackte Schalotten

1 Esslöffel fein abgeriebene Zitronenschale

¼ Tasse frischer Zitronensaft

3 Esslöffel frischer Oregano in Streifen geschnitten

½ TL frisch gemahlener schwarzer Pfeffer

1 EL mediterrane Gewürze (vgl_Verschreibung_)

1 5-Unzen-Paket gemischter Babysalat

1. Tauen Sie Fisch auf, wenn er gefroren ist. Fisch abspülen; mit einem Papiertuch trocknen. Den Fisch beiseite stellen.

2. In einer mittelgroßen Schüssel die Artischocken mit 2 Esslöffeln Olivenöl vermengen; beiseite legen. Kombinieren Sie in einer großen Schüssel 2 Esslöffel Olivenöl, Schalotten, Zitronenschale, Zitronensaft und Oregano; beiseite legen.

3. Für einen Holzkohlegrill oder Gasgrill die Artischockenherzen in einen Grillkorb legen und direkt bei mittlerer Hitze garen. Abdecken und 6 bis 8 Minuten grillen oder bis sie gut verkohlt und durchgewärmt sind,

dabei häufig umrühren. Artischocken vom Grill nehmen. 5 Minuten abkühlen lassen, dann die Artischocken zur Schalottenmischung geben. Pfeffern; werfen zu tragen. Beiseite legen.

4. Den Lachs mit dem restlichen Esslöffel Olivenöl bepinseln; mit mediterranen Gewürzen bestreuen. Den Lachs mit der gewürzten Seite nach unten direkt bei mittlerer Hitze auf den Grill legen. Abdecken und 6 bis 8 Minuten lang grillen oder bis der Fisch beim Testen mit einer Gabel zu schuppen beginnt, dabei nach der Hälfte des Grillvorgangs einmal vorsichtig wenden.

5. Salat mit marinierten Artischocken in die Schüssel geben; sanft schwenken, um es zu beschichten. Den Salat mit gegrilltem Lachs servieren.

INSTANT POT ROASTED CHILI SAGE SALMON MIT GRÜNER TOMATENSALSA

HAUSAUFGABEN:35 Minuten kalt: 2 bis 4 Stunden Braten: 10 Minuten Ergiebigkeit: 4 Portionen

"FLASH-ROASTING" BEZIEHT SICH AUF DIE TECHNIKEINE TROCKENE PFANNE IM OFEN AUF HOHE TEMPERATUR ERHITZEN, ETWAS ÖL UND DEN FISCH, DAS HUHN ODER DAS FLEISCH (ES BRUTZELT!) HINEINGEBEN UND DAS GERICHT DANN IM OFEN FERTIG STELLEN. DAS FRITTIEREN VERKÜRZT DIE GARZEIT UND SCHAFFT AUßEN EINE WUNDERBAR KNUSPRIGE KRUSTE UND INNEN EIN SAFTIGES UND AROMATISCHES INNERES.

LACHS

- 4 frische oder gefrorene Lachsfilets, 5 bis 6 Unzen
- 3 Esslöffel Olivenöl
- ¼ Tasse fein gehackte Zwiebel
- 2 Knoblauchzehen, geschält und in Scheiben geschnitten
- 1 Esslöffel gemahlener Koriander
- 1 Teelöffel gemahlener Kreuzkümmel
- 2 Teelöffel süßer Paprika
- 1 Teelöffel getrockneter Oregano, zerstoßen
- ¼ Teelöffel Cayennepfeffer
- ⅓ Tasse frischer Limettensaft
- 1 Esslöffel frischer Salbei in Streifen geschnitten

GRÜNER KETCHUP

- 1½ Tassen gewürfelte feste grüne Tomaten
- ⅓ Tasse fein gehackte rote Zwiebel

2 Esslöffel frischer Koriander in Streifen geschnitten
1 Jalapeño, entkernt und gehackt (vgl mager)
1 gehackte Knoblauchzehe
½ Teelöffel gemahlener Kreuzkümmel
¼ Teelöffel Chilipulver
2 bis 3 Esslöffel frischer Zitronensaft

1. Tauen Sie Fisch auf, wenn er gefroren ist. Fisch abspülen; mit einem Papiertuch trocknen. Den Fisch beiseite stellen.

2. Für das Chili-Salvíma-Püree 1 Esslöffel Olivenöl, Zwiebel und Knoblauch in einem kleinen Topf vermengen. Bei schwacher Hitze 1 bis 2 Minuten köcheln lassen oder bis es duftet. Koriander und Kreuzkümmel hinzufügen; 1 Minute kochen und umrühren. Paprika, Oregano und Cayennepfeffer hinzufügen; 1 Minute kochen und umrühren. Zitronensaft und Salbei hinzufügen; kochen und etwa 3 Minuten lang rühren oder bis sich ein glatter Teig bildet; kalt.

3. Mit den Fingern beide Seiten der Filets mit Chili-Salbei-Paste bestreichen. Legen Sie den Fisch in ein Glas oder eine Schüssel, die nicht reagiert; gut mit Plastikfolie abdecken. 2 bis 4 Stunden kühl stellen.

4. In der Zwischenzeit für die Sauce Tomaten, Zwiebel, Koriander, Jalapeño, Knoblauch, Kreuzkümmel und Chilipulver in einer mittelgroßen Schüssel mischen. Zum Kombinieren gut mischen. Mit Zitronensaft beträufeln; werfen zu tragen.

4. Verwenden Sie einen Gummispatel, um so viel Teig wie möglich vom Lachs zu kratzen. Wirf den Teig weg.

5. Stellen Sie eine extra große Gusseisenpfanne in den Ofen. Backofen auf 500 ° F vorheizen. Backofen mit einer Grillplatte vorheizen.

6. Nehmen Sie die heiße Pfanne aus dem Ofen. 1 Esslöffel Olivenöl in die Pfanne geben. Kippen Sie die Pfanne, um den Boden der Pfanne mit Öl zu bedecken. Die Filets mit der Hautseite nach unten in die Pfanne legen. Die Oberseite der Filets mit dem restlichen Esslöffel Olivenöl bestreichen.

7. Grillen Sie den Lachs etwa 10 Minuten lang oder bis der Fisch beim Testen mit einer Gabel zu schuppen beginnt. Fisch mit Soße servieren.

GEBRATENER LACHS UND SPARGEL IN PAPILLOTE MIT ZITRONEN-HASELNUSS-PESTO

HAUSAUFGABEN:20 Minuten Braten: 17 Minuten Ausbeute: 4 Portionen

KOCHEN „EN PAPILLOTE" BEDEUTET EINFACH KOCHEN AUF PAPIER.ES IST AUS VIELEN GRÜNDEN EINE SCHÖNE ART ZU KOCHEN. FISCH UND GEMÜSE WERDEN IN DER FOLIENVERPACKUNG GEDÜNSTET, WODURCH SÄFTE, AROMEN UND NÄHRSTOFFE EINGESCHLOSSEN WERDEN, UND ES GIBT KEINE TÖPFE ODER PFANNEN, DIE DANACH ABGESPÜLT WERDEN MÜSSEN.

- 4 frische oder gefrorene 6-Unzen-Lachsfilets
- 1 Tasse leicht gepresste frische Basilikumblätter
- 1 Tasse leicht verpackte frische Petersilienblätter
- ½ Tasse geröstete Haselnüsse*
- 5 Esslöffel Olivenöl
- 1 Teelöffel fein abgeriebene Zitronenschale
- 2 Esslöffel frischer Zitronensaft
- 1 gehackte Knoblauchzehe
- 1 Pfund feiner Spargel, getrimmt
- 4 Esslöffel trockener Weißwein

1. Lachs auftauen, falls er gefroren ist. Fisch abspülen; mit einem Papiertuch trocknen. Ofen auf 400°F vorheizen.

2. Für das Pesto Basilikum, Petersilie, Haselnüsse, Olivenöl, Zitronenschale, Zitronensaft und Knoblauch in einem Mixer oder einer Küchenmaschine pürieren. Abdecken und mischen oder verarbeiten, bis es glatt ist; beiseite legen.

3. Schneiden Sie vier 12-Zoll-Quadrate aus Pergamentpapier. Legen Sie für jedes Päckchen ein Lachsfilet in die Mitte des Pergamentquadrats. Mit einem Viertel der Spargelstangen und 2 bis 3 Esslöffeln Pesto belegen; mit 1 El Wein beträufeln. Nehmen Sie zwei gegenüberliegende Seiten des Pergamentpapiers und falten Sie sie ein paar Mal über den Fisch. Falten Sie die Enden des Pergaments, um es zu versiegeln. Wiederholen, um drei weitere Bündel zu machen.

4. Grillen Sie 17 bis 19 Minuten lang oder bis der Fisch beim Testen mit einer Gabel zu schuppen beginnt (öffnen Sie die Verpackung vorsichtig, um zu prüfen, ob er gar ist).

*Tipp: Um die Haselnüsse zu rösten, heizen Sie den Ofen auf 350° F vor. Verteilen Sie die Nüsse in einer einzigen Schicht in einer flachen Auflaufform. Backen Sie 8 bis 10 Minuten oder bis sie leicht geröstet sind, und rühren Sie einmal um, um eine gleichmäßige Bräunung zu erzielen. Die Nüsse etwas abkühlen. Heiße Nüsse auf ein sauberes Küchentuch legen; Reiben Sie mit dem Handtuch, um lose Haut zu entfernen.

GEWÜRZTER LACHS MIT CHAMPIGNON-APFEL-SAUCE

ANFANG BIS ENDE: 40 Minuten ergeben: 4 Portionen

DIESES GANZE LACHSFILETGARNIERT MIT EINER MISCHUNG AUS SAUTIERTEN PILZEN, SCHALOTTEN, APFELSCHEIBEN MIT ROTEM ROUGE UND SERVIERT AUF EINEM BETT AUS HELLGRÜNEM SPINAT, IST DIES EIN ELEGANTES GERICHT FÜR GÄSTE.

1 1½ Pfund frisches oder gefrorenes ganzes Lachsfilet mit Haut
1 TL Fenchelsamen, fein gemahlen*
½ Teelöffel getrockneter Salbei, zerdrückt
½ Teelöffel gemahlener Koriander
¼ TL trockener Senf
¼ TL schwarzer Pfeffer
2 Esslöffel Olivenöl
1½ Tassen frische Cremini-Pilze, geviertelt
1 mittelgroße Schalotte, sehr dünn geschnitten
1 kleiner Kochapfel, geviertelt, entkernt und in dünne Scheiben geschnitten
¼ Tasse trockener Weißwein
4 Tassen frischer Spinat
Kleine frische Salbeizweige (optional)

1. Lachs auftauen, falls er gefroren ist. Backofen auf 425 ° F vorheizen. Ein großes Backblech mit Pergamentpapier auslegen; beiseite legen. Fisch abspülen; mit einem Papiertuch trocknen. Den Lachs mit der Hautseite nach unten auf das vorbereitete Backblech legen. Mischen Sie in einer kleinen Schüssel die Fenchelsamen, ½ Teelöffel getrockneten Salbei, Koriander, Senf und Pfeffer.

Gleichmäßig über den Lachs streuen; mit den Fingern reiben.

2. Messen Sie die Dicke des Fisches. Grillen Sie den Lachs 4 bis 6 Minuten lang bis zu einer Dicke von ½ Zoll oder bis der Fisch beim Testen mit einer Gabel zu schuppen beginnt.

3. In der Zwischenzeit für die Pfannensoße in einer großen Pfanne das Olivenöl bei mittlerer Hitze erhitzen. Pilze und Schalotten hinzufügen; 6 bis 8 Minuten kochen oder bis die Pilze weich sind und anfangen zu bräunen, dabei gelegentlich umrühren. Äpfel hinzufügen; abdecken und weitere 4 Minuten kochen und umrühren. Den Wein vorsichtig hinzufügen. Kochen Sie unbedeckt 2 bis 3 Minuten oder bis die Apfelscheiben weich sind. Mit einem geschlitzten Löffel die Pilzmischung in eine mittelgroße Schüssel geben; zudecken, um warm zu bleiben.

4. In der gleichen Pfanne den Spinat 1 Minute kochen oder bis der Spinat weich ist, dabei ständig umrühren. Spinat auf vier Teller verteilen. Das Lachsfilet in vier gleiche Teile schneiden, bis zur Haut, aber nicht durchschneiden. Verwenden Sie einen großen Spatel, um Lachsstücke von der Haut zu entfernen; Legen Sie auf jeden Teller eine Portion Lachs über Spinat. Die Pilzmischung gleichmäßig über den Lachs gießen. Nach Belieben mit frischem Salbei garnieren.

* Tipp: Verwenden Sie einen Mörser und einen Stößel und eine Gewürzmühle, um die Fenchelsamen fein zu zerstoßen.

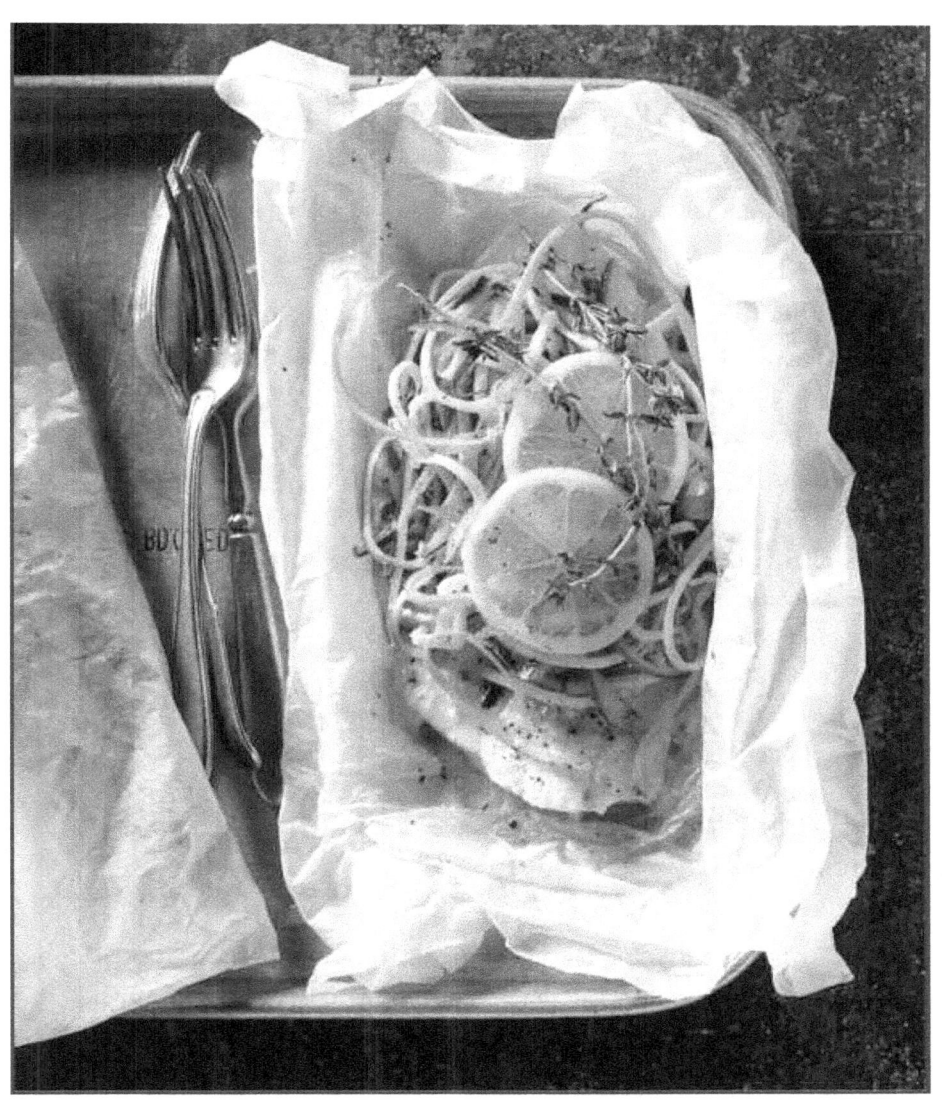

SEEZUNGE IN PAPILLOTE MIT JULIENNE-GEMÜSE

HAUSAUFGABEN:30 Minuten gebacken: 12 Minuten Ausbeute: 4 PortionenFEIGE

SIE KÖNNEN SICHERLICH GEMÜSE JULIENNEMIT EINEM GUTEN SCHARFEN KOCHMESSER DAUERT DAS ABER SEHR LANGE. JULIENNE-SCHÄLER (VGL"AUSRÜSTUNG") LASSEN SICH SCHNELL LANGE, DÜNNE UND GLEICHMÄßIGE GEMÜSESTREIFEN HERSTELLEN.

4 frische oder gefrorene Heilbutt-, Flunder- oder andere feste Weißfischfilets

1 Zucchini in Scheiben geschnitten

1 große Karotte, gehackt

½ rote Zwiebel, gehackt

2 Roma-Tomaten, entkernt und fein gehackt

2 Knoblauchzehen gehackt

1 Esslöffel Olivenöl

½ Teelöffel schwarzer Pfeffer

1 Zitrone, in 8 dünne Scheiben geschnitten, entkernt

8 Zweige frischer Thymian

4 TL Olivenöl

¼ Tasse trockener Weißwein

1. Tauen Sie Fisch auf, wenn er gefroren ist. Ofen auf 375° F vorheizen. In einer großen Schüssel Zucchini, Karotte, Zwiebel, Tomate und Knoblauch mischen. Fügen Sie 1 Esslöffel Olivenöl und ¼ Teelöffel Pfeffer hinzu; gut umrühren, um zu kombinieren. Das Gemüse beiseite stellen.

2. Schneiden Sie vier 14-Zoll-Quadrate aus Pergamentpapier. Fisch abspülen; mit einem Papiertuch trocknen. Legen Sie ein Filet in die Mitte jedes Quadrats. Mit ¼ Teelöffel

Pfeffer bestreuen. Gemüse, Zitronenspalten und Thymianzweige auf den Filets anrichten und gleichmäßig verteilen. Jeden Stapel mit 1 Teelöffel Olivenöl und 1 Esslöffel Weißwein bestreichen.

3. Arbeite mit einer Packung nach der anderen, nimm zwei gegenüberliegende Seiten des Backpapiers und falte den Fisch mehrmals darüber. Falten Sie die Enden des Pergaments, um es zu versiegeln.

4. Legen Sie das Paket auf ein großes Backblech. Etwa 12 Minuten backen oder bis der Fisch beim Testen mit einer Gabel zu bröckeln beginnt (die Verpackung vorsichtig öffnen, um den Garzustand zu prüfen).

5. Zum Servieren jedes Päckchen auf einen Teller legen; Öffnen Sie die Pakete vorsichtig.

RUCOLA-PESTO-TACOS MIT GERÄUCHERTER LIMETTENCREME

HAUSAUFGABEN:30-minütiger Grill: 4 bis 6 Minuten pro ½ Zoll Dicke. Ausbeute: 6 Portionen

DIE SOHLE KANN DURCH KABELJAU ERSETZT WERDEN„NUR KEIN TILAPIA. TILAPIA IST LEIDER EINE DER SCHLECHTESTEN FISCHARTEN. ES WIRD FAST ÜBERALL GEZÜCHTET UND OFT UNTER SCHRECKLICHEN BEDINGUNGEN. OBWOHL TILAPIA FAST ÜBERALL VORKOMMT, SOLLTE ES VERMIEDEN WERDEN.

4 frische oder gefrorene Flunderfilets von 4 bis 5 Unzen, etwa ½ Zoll dick

1 Rucola-Pesto-Rezept (vglVerschreibung)

½ Tasse Cashewcreme (vglVerschreibung)

1 Teelöffel Räuchergewürz (vglVerschreibung)

½ Teelöffel fein abgeriebene Limettenschale

12 Buttersalatblätter

1 reife Avocado, halbiert, entkernt, geschält und in dünne Scheiben geschnitten

1 Tasse gehackte Tomate

¼ Tasse frischer Koriander, gehackt

1 Limette, in Spalten geschnitten

1. Tauen Sie Fisch auf, wenn er gefroren ist. Fisch abspülen; mit einem Papiertuch trocknen. Den Fisch beiseite stellen.

2. Reiben Sie ein wenig Rucola-Pesto auf beide Seiten des Fisches.

3. Bei einem Holzkohlegrill oder Gasgrill den Fisch direkt bei mittlerer Hitze auf einen eingefetteten Rost legen. Abdecken und 4 bis 6 Minuten lang grillen oder bis der Fisch beim Testen mit einer Gabel zu schuppen beginnt, dabei einmal in der Mitte des Grills wenden.

4. In der Zwischenzeit für die Räucherlimettencreme die Cashewcreme, das Räuchergewürz und die Limettenschale in einer kleinen Schüssel vermischen.

5. Brechen Sie den Fisch mit einer Gabel in Stücke. Butterblätter mit Fisch, Avocadoscheiben und Tomaten füllen; mit Koriander bestreuen. Tacos mit geräucherter Limettencreme beträufeln. Mit Limettenschnitzen servieren, um sie über Tacos zu drücken.

GEGRILLTE KABELJAU- UND ZUCCHINI-PÄCKCHEN MIT SCHARFER MANGO-BASILIKUM-SAUCE

HAUSAUFGABEN:20 Minuten grillen: 6 Minuten ergeben: 4 Portionen

1 bis 1½ Pfund frischer oder gefrorener Kabeljau, ½ bis 1 Zoll dick
4 Stück 24 Zoll lange, 12 Zoll breite Folie
1 mittelgroße Zucchini, in Scheiben geschnitten
Zitronen-Kräuter-Gewürz (vglVerschreibung)
¼ Tasse Chipotle Paleo Mayo (vglVerschreibung)
1 bis 2 Esslöffel pürierte reife Mango*
1 EL frischer Zitronen- oder Limettensaft oder Reisweinessig
2 Esslöffel gehackter frischer Basilikum

1. Tauen Sie Fisch auf, wenn er gefroren ist. Fisch abspülen; mit einem Papiertuch trocknen. Den Fisch in vier Teile schneiden.

2. Falten Sie jedes Stück Aluminiumfolie in der Mitte, um ein doppelt dickes Quadrat von 30 cm (12 Zoll) zu erhalten. Legen Sie ein Stück Fisch in die Mitte eines Quadrats aus Aluminiumfolie. Mit einem Viertel der Zucchini belegen. Mit Zitronen-Kräuter-Gewürz bestreuen. Heben Sie zwei gegenüberliegende Seiten der Folie an und falten Sie sie einige Male über die Zucchini und den Fisch. Falten Sie die Enden der Alufolie. Wiederholen, um drei weitere Bündel zu machen. Für die Sauce Chipotle Paleo Mayo, Mango, Limettensaft und Basilikum in einer kleinen Schüssel vermischen; beiseite legen.

3. Bei einem Holzkohlegrill oder Gasgrill die Päckchen bei mittlerer Hitze direkt auf den geölten Grillrost legen.

Abdecken und 6 bis 9 Minuten lang grillen oder bis der Fisch beim Testen mit einer Gabel zu schuppen beginnt und die Zucchini knusprig ist (öffnen Sie die Verpackung vorsichtig, um den Garzustand zu prüfen). Drehen Sie die Verpackungen während des Grillens nicht um. Top jede Portion mit Soße.

* Tipp: Für das Mangopüree ¼ Tasse gehackte Mango und 1 Esslöffel Wasser in einem Mixer mischen. Abdecken und glatt rühren. Fügen Sie die restliche pürierte Mango zum Smoothie hinzu.

RIESLING POCHIERTER KABELJAU MIT PESTO GEFÜLLTE TOMATEN

HAUSAUFGABEN:30 Minuten Kochen: 10 Minuten ergibt: 4 Portionen

1 bis 1½ Pfund frische oder gefrorene Kabeljaufilets, etwa 1 Zoll dick
4 Roma-Tomaten
3 Esslöffel Basilikumpesto (vgl Verschreibung)
¼ TL gemahlener schwarzer Pfeffer
1 Tasse trockener Riesling oder Sauvignon Blanc
1 Zweig frischer Thymian oder ½ Teelöffel getrockneter Thymian, gehackt
1 Lorbeerblatt
½ Tasse Wasser
2 Esslöffel gehackter Schnittlauch
Zitronenscheiben

1. Tauen Sie Fisch auf, wenn er gefroren ist. Tomaten waagerecht halbieren. Schneiden Sie die Samen und einen Teil des Fruchtfleisches heraus. (Wenn es nötig ist, damit die Tomate fester wird, schneiden Sie eine sehr dünne Scheibe vom Ende ab und achten Sie darauf, kein Loch in den Boden der Tomate zu machen.) Geben Sie ein wenig Pesto auf jede Tomatenhälfte; mit gemahlenem Pfeffer bestreuen; beiseite legen.

2. Spülen Sie den Fisch ab; mit einem Papiertuch trocknen. Den Fisch in vier Stücke schneiden. Stellen Sie einen Dampfkorb in eine große Pfanne mit dicht schließendem Deckel. Fügen Sie etwa ½ Zoll Wasser in die Pfanne hinzu. Zum Kochen bringen; Hitze auf mittel reduzieren. Die Tomaten mit der Schnittfläche nach oben in den Korb geben. Abdecken und 2 bis 3 Minuten dämpfen oder bis sie durchgeheizt sind.

3. Legen Sie die Tomaten auf einen Teller; zudecken, um warm zu bleiben. Entfernen Sie den Dampfkorb aus der Pfanne; das Wasser wegwerfen. Wein, Thymian, Lorbeerblatt und ½ Tasse Wasser in die Pfanne geben. Zum Kochen bringen; Reduziere die Hitze auf mittel-niedrig. Fisch und Zwiebeln hinzufügen. Zugedeckt 8 bis 10 Minuten köcheln lassen oder bis der Fisch beim Testen mit einer Gabel zu schuppen beginnt.

4. Besprühen Sie den Fisch mit etwas Wilderflüssigkeit. Servieren Sie den Fisch mit mit Pesto gefüllten Tomaten und Zitronenspalten.

GEGRILLTER KABELJAU MIT PISTAZIEN- UND KORIANDERKRUSTE AUF SÜßEM KARTOFFELPÜREE

HAUSAUFGABEN:20-minütiges Kochen: 10-minütiges Braten: 4 bis 6 Minuten pro ½-Zoll-Dicke Ausbeute: 4 Portionen

1 bis 1½ Pfund frischer oder gefrorener Kabeljau

Olivenöl oder raffiniertes Kokosöl

2 Esslöffel gemahlene Pistazien, Walnüsse oder Mandeln

1 Eiweiß

½ Teelöffel fein abgeriebene Zitronenschale

1½ Pfund Süßkartoffeln, geschält und gewürfelt

2 Knoblauchzehen

1 Esslöffel Kokosöl

1 EL geriebener frischer Ingwer

½ Teelöffel gemahlener Kreuzkümmel

¼ Tasse Kokosmilch (wie Nature's Way)

4 Teelöffel Korianderpesto oder Basilikumpesto (vgl Rezepte)

1. Tauen Sie Fisch auf, wenn er gefroren ist. Den Grill vorheizen. Ölgitter einer Bratpfanne. Kombinieren Sie in einer kleinen Schüssel gemahlene Walnüsse, Eiweiß und Zitronenschale; beiseite legen.

2. Für Süßkartoffelpüree Süßkartoffeln und Knoblauch in einem mittelgroßen Topf in ausreichend kochendem Wasser kochen, um 10 bis 15 Minuten zu bedecken oder bis sie weich sind. Abfließen; Gib die Süßkartoffeln und den Knoblauch zurück in den Topf. Verwenden Sie einen Kartoffelstampfer, um die Süßkartoffeln zu zerdrücken. Fügen Sie je 1 Esslöffel Kokosöl, Ingwer und Kreuzkümmel hinzu. Mit Kokosmilch mixen, bis es hell und luftig ist.

3. Spülen Sie den Fisch ab; mit einem Papiertuch trocknen. Den Fisch in vier Stücke schneiden und auf den vorbereiteten, unbeheizten Rost einer Bratpfanne legen. Legen Sie es unter die dünnen Kanten. Jeden Bissen mit Cilantro Pesto bestreichen. Die Walnussmischung über das Pesto gießen und vorsichtig verteilen. Grillen Sie Fisch 4 bis 6 Minuten von der Hitze entfernt bei einer Dicke von ½ Zoll oder bis der Fisch beim Testen mit einer Gabel zu schuppen beginnt, und decken Sie ihn während des Grillens mit Folie ab, wenn die Haut zu brennen beginnt. Fisch mit Süßkartoffeln servieren.

KABELJAU MIT ROSMARIN UND MANDARINE MIT GERÖSTETEM BROKKOLI

HAUSAUFGABEN:15 Minuten Mariniert: bis zu 30 Minuten Gebacken: 12 Minuten Ergiebigkeit: 4 Portionen

1 bis 1½ Pfund frischer oder gefrorener Kabeljau

1 Teelöffel fein geriebene Mandarinenschale

½ Tasse frischer Mandarinen- oder Orangensaft

4 Esslöffel Olivenöl

2 Teelöffel frischer Rosmarin in Streifen geschnitten

¼ bis ½ Teelöffel gemahlener schwarzer Pfeffer

1 Teelöffel fein geriebene Mandarinenschale

3 Tassen Brokkoli

¼ TL zerstoßener roter Pfeffer

Mandarinenscheiben, entkernt

1. Backofen auf 450 °F vorheizen. Fisch auftauen lassen, falls er gefroren ist. Fisch abspülen; mit einem Papiertuch trocknen. Den Fisch in vier Teile schneiden. Messen Sie die Dicke des Fisches. Mandarinenschale, Mandarinensaft, 2 EL Olivenöl, Rosmarin und schwarzen Pfeffer in einer flachen Schüssel mischen; Fisch hinzufügen. Zugedeckt im Kühlschrank bis zu 30 Minuten marinieren lassen.

2. In einer großen Schüssel den Brokkoli mit den restlichen 2 Esslöffeln Olivenöl und der zerdrückten Paprika mischen. In eine 2-Liter-Auflaufform geben.

3. Eine Backform leicht mit zusätzlichem Olivenöl auspinseln. Den Fisch abtropfen lassen, die Marinade auffangen. Legen Sie den Fisch in die Pfanne und stecken Sie ihn unter den dünnen Rand. Legen Sie den Fisch und den

Brokkoli in den Ofen. Brokkoli 12 bis 15 Minuten backen oder bis er knusprig ist, dabei nach der Hälfte der Garzeit einmal umrühren. Backen Sie den Fisch 4 bis 6 Minuten lang pro ½ Zoll dickem Fisch oder bis der Fisch beim Testen mit einer Gabel zu flocken beginnt.

4. In einem kleinen Topf die reservierte Marinade zum Kochen bringen; 2 Minuten kochen. Die Marinade über den gekochten Fisch träufeln. Den Fisch mit Brokkoli und Mandarinenscheiben servieren.

KABELJAU-CURRYSALAT-WRAP MIT EINGELEGTEN RADIESCHEN

HAUSAUFGABEN:20 Minuten Ruhezeit: 20 Minuten Kochzeit: 6 Minuten Ausbeute: 4 PortionenFEIGE

- 1 Pfund frische oder gefrorene Kabeljaufilets
- 6 Radieschen, grob gerieben
- 6 bis 7 Esslöffel Apfelessig
- ½ TL zerstoßener roter Pfeffer
- 2 Esslöffel unraffiniertes Kokosöl
- ¼ Tasse Mandelbutter
- 1 gehackte Knoblauchzehe
- 2 Teelöffel fein geriebener Ingwer
- 2 Esslöffel Olivenöl
- 1½ bis 2 TL Currypulver ohne Salzzusatz
- 4 bis 8 Butterkohlblätter oder Salatblätter
- 1 rote Paprika, gehackt
- 2 Esslöffel frischer Koriander in Streifen geschnitten

1. Tauen Sie Fisch auf, wenn er gefroren ist. Kombinieren Sie in einer mittelgroßen Schüssel Radieschen, 4 Esslöffel Essig und ¼ Teelöffel zerdrückte rote Paprika; 20 Minuten stehen lassen, gelegentlich umrühren.

2. Für die Mandelbuttersauce das Kokosöl in einem kleinen Topf bei schwacher Hitze schmelzen. Mandelbutter glatt rühren. Fügen Sie Knoblauch, Ingwer und ¼ Teelöffel zerstoßene rote Paprika hinzu. Von der Hitze nehmen. Fügen Sie die restlichen 2 bis 3 Esslöffel Apfelessig hinzu und rühren Sie, bis alles glatt ist; beiseite legen. (Die Sauce dickt leicht ein, wenn der Essig hinzugefügt wird.)

3. Spülen Sie den Fisch ab; mit einem Papiertuch trocknen. Olivenöl und Currypulver bei mittlerer Hitze in einer

großen Pfanne erhitzen. Fisch hinzufügen; Kochen Sie 3 bis 6 Minuten oder bis der Fisch beim Testen mit einer Gabel zu flocken beginnt, und drehen Sie ihn nach der Hälfte des Garvorgangs einmal um. Den Fisch mit zwei Gabeln grob zerpflücken.

4. Die Radieschen abtropfen lassen; die Marinade wegwerfen. Etwas Fisch, Paprikastreifen, Radieschenmischung und Mandelbutter-Dressing auf jedes Salatblatt geben. Mit Koriander bestreuen. Wickeln Sie das Papier um die Füllung. Falls gewünscht, die Verpackung mit Holzzahnstochern sichern.

GEBRATENER SCHELLFISCH MIT ZITRONE UND FENCHEL

HAUSAUFGABEN: 25 Minuten Braten: 50 Minuten Ausbeute: 4 Portionen

SCHELLFISCH, PLÖTZE UND KABELJAU HABEN DICHTES WEIßES FRUCHTFLEISCH MIT MILDEM GESCHMACK. SIE SIND IN DEN MEISTEN REZEPTEN AUSTAUSCHBAR, EINSCHLIEßLICH DIESES EINFACHEN IM OFEN GEBACKENEN FISCH- UND GEMÜSEGERICHTS MIT KRÄUTERN UND WEIN.

- 4 6 Unzen frische oder gefrorene Schellfisch-, Seelachs- oder Kabeljaufilets, etwa ½ Zoll dick
- 1 große Fenchelknolle, entkernt und in Scheiben geschnitten, Blätter reserviert und gehackt
- 4 mittelgroße Karotten, vertikal halbiert und in 2 bis 3 Zoll große Stücke geschnitten
- 1 rote Zwiebel, halbiert und in Scheiben geschnitten
- 2 Knoblauchzehen gehackt
- 1 Zitrone, in dünne Scheiben geschnitten
- 3 Esslöffel Olivenöl
- ½ Teelöffel schwarzer Pfeffer
- ¾ Tasse trockener Weißwein
- 2 Esslöffel fein gehackte frische Petersilie
- 2 Esslöffel gehackte frische Fenchelblätter
- 2 Teelöffel fein abgeriebene Zitronenschale

1. Tauen Sie Fisch auf, wenn er gefroren ist. Ofen auf 400 °F vorheizen. Fenchel, Karotten, Zwiebel, Knoblauch und Zitronenschnitze in einer quadratischen 3-Liter-Auflaufform kombinieren. Mit 2 Esslöffeln Olivenöl beträufeln und mit ¼ Teelöffel Pfeffer bestreuen; werfen zu tragen. Den Wein auf einen Teller gießen. Decken Sie die Platte mit Alufolie ab.

2. 20 Minuten grillen. Entdecken; mit der Gemüsemischung mischen. Weitere 15 bis 20 Minuten grillen oder bis das Gemüse knusprig ist. Die Gemüsemischung unterrühren. Fisch mit restlichen ¼ Teelöffel Pfeffer bestreuen; Fisch auf die Gemüsemischung legen. Mit dem restlichen Esslöffel Olivenöl beträufeln. 8 bis 10 Minuten grillen oder bis der Fisch beim Testen mit einer Gabel zu schuppen beginnt.

3. Petersilie, Fenchelblätter und Zitronenschale in einer kleinen Schüssel mischen. Zum Servieren die Fisch-Gemüse-Mischung auf Teller verteilen. Pfannensaft über Fisch und Gemüse gießen. Mit Petersilienmischung bestreuen.

SCHNAPPER MIT PEKANNUSSKRUSTE MIT CAJUN-OKRA-REMOULADE UND TOMATEN

HAUSAUFGABEN:1 Stunde kochen: 10 Minuten backen: 8 Minuten Ausbeute: 4 Portionen

DAS FISCHGERICHT DIESER FIRMADIE ZUBEREITUNG DAUERT EIN WENIG, ABER DER REICHHALTIGE GESCHMACK IST ES WERT. REMOULADE, EINE MAYONNAISE-SAUCE MIT CAJUN-ZITRONEN-SENF-DRESSING UND GEHACKTER PAPRIKA, ZWIEBELN UND PETERSILIE, KANN EINEN TAG IM VORAUS ZUBEREITET UND GEKÜHLT WERDEN.

- 4 Esslöffel Olivenöl
- ½ Tasse fein gehackte Pekannüsse
- 2 Esslöffel gehackte frische Petersilie
- 1 EL gehackter frischer Thymian
- 2 8 Unzen Red Snapper Filets, ½ Zoll dick
- 4 Teelöffel Cajun-Gewürz (vglVerschreibung)
- ½ Tasse gehackte Zwiebel
- ½ Tasse gehackte grüne Paprika
- ½ Tasse geschnittener Sellerie
- 1 Esslöffel gehackter Knoblauch
- 1 Pfund frische Okraschoten, in 1 Zoll dicke Scheiben geschnitten (oder frischer Spargel, in 1-Zoll-Stücke geschnitten)
- 8 Unzen Kirsch- oder Traubentomaten, halbiert
- 2 Teelöffel gehackter frischer Thymian
- Schwarzer Pfeffer
- Remoulade (siehe Rezept rechts)

1. 1 Esslöffel Olivenöl in einer mittelgroßen Pfanne bei mittlerer Hitze erhitzen. Fügen Sie die Walnüsse hinzu und rösten Sie sie etwa 5 Minuten lang oder bis sie

goldbraun sind und duften, wobei Sie häufig umrühren. Die Nüsse in eine kleine Schüssel geben und abkühlen lassen. Petersilie und Thymian zugeben und beiseite stellen.

2. Ofen auf 400 °F vorheizen. Ein Backblech mit Pergamentpapier oder Aluminiumfolie auslegen. Legen Sie die Schnapperfilets mit der Hautseite nach unten auf das Backblech und streuen Sie jeweils 1 Teelöffel Cajun-Gewürz darüber. Mit einem Backpinsel 2 Esslöffel Olivenöl auf die Filets streichen. Die Walnussmischung gleichmäßig auf die Filets verteilen und die Walnüsse vorsichtig auf die Oberfläche des Fisches drücken, damit sie haften bleiben. Offene Stellen des Fischfilet nach Möglichkeit mit Walnüssen bedecken. Backen Sie den Fisch 8 bis 10 Minuten lang oder bis der Fisch leicht mit der Spitze eines Messers abblättert.

3. Erhitzen Sie den restlichen 1 Esslöffel Olivenöl in einer großen Pfanne bei mittlerer bis hoher Hitze. Zwiebel, Paprika, Sellerie und Knoblauch dazugeben. Koche und rühre für 5 Minuten oder bis das Gemüse knusprig ist. In Scheiben geschnittene Okraschoten (oder Spargel, falls verwendet) und Tomaten hinzufügen; kochen Sie 5 bis 7 Minuten oder bis Okraschoten knusprig sind und die Tomaten anfangen sich zu spalten. Vom Herd nehmen und mit Thymian und schwarzem Pfeffer abschmecken. Das Gemüse mit Schnapper und Remoulade servieren.

Remoulade: In einer Küchenmaschine ½ Tasse gehackte rote Paprika, ¼ Tasse gehackten Schnittlauch und 2 Esslöffel gehackte frische Petersilie fein pürieren. Fügen Sie ¼

Tasse Paleo Mayo hinzu (siehe Verschreibung), ¼ Tasse Dijon-Senf (vgl Verschreibung), 1½ TL Zitronensaft und ¼ TL Cajun-Gewürz (vgl Verschreibung). Puls bis kombiniert. In eine Schüssel umfüllen und bis zum Servieren kalt stellen. (Remoulade kann 1 Tag im Voraus zubereitet und gekühlt werden.)

THUNFISCH-ESTRAGON-EMPANADAS MIT AVOCADO UND ZITRONEN-ALIOLI

HAUSAUFGABEN:25 Minuten Kochzeit: 6 Minuten Ausbeute: 4 PortionenFEIGE

NEBEN LACHS GEHÖRT THUNFISCH DAZUEINE DER SELTENEN FISCHARTEN, DIE FEIN ZU CRACKERN GESCHNITTEN WERDEN KANN. ACHTEN SIE DARAUF, DEN THUNFISCH IN DER KÜCHENMASCHINE NICHT ZU STARK ZU VERARBEITEN; ÜBERBEANSPRUCHUNG HÄRTET ES AUS.

1 Pfund frische oder gefrorene Thunfischsteaks ohne Haut

1 Eiweiß, leicht geschlagen

¾ Tasse gemahlenes goldenes Leinsamenmehl

1 Esslöffel geriebener frischer Estragon oder Dill

2 EL frischer Schnittlauch in Streifen geschnitten

1 Teelöffel fein abgeriebene Zitronenschale

2 Esslöffel Leinsamenöl, Avocadoöl oder Olivenöl

1 mittelgroße Avocado, entkernt

3 Esslöffel Paleo Mayo (vglVerschreibung)

1 Teelöffel fein abgeriebene Zitronenschale

2 Teelöffel frischer Zitronensaft

1 gehackte Knoblauchzehe

4 Unzen Babyspinat (ca. 4 dicht gepackte Tassen)

⅓ Tasse geröstete Knoblauch-Vinaigrette (vglVerschreibung)

1 Granny-Smith-Apfel, entkernt und in streichholzgroße Stücke geschnitten

¼ Tasse gehackte geröstete Walnüsse (vglmager)

1. Tauen Sie Fisch auf, wenn er gefroren ist. Fisch abspülen; mit einem Papiertuch trocknen. Den Fisch in 1,5 cm große Stücke schneiden. Fisch in eine Küchenmaschine geben; mit Ein-/Aus-Impulsen verarbeiten, bis sie fein gehackt sind. (Achten Sie darauf, sich nicht zu überanstrengen,

sonst werden Sie den Burger zäher.) Legen Sie den Fisch beiseite.

2. Kombinieren Sie Eiweiß, ¼ Tasse Leinsamenmehl, Estragon, Schnittlauch und Zitronenschale in einer mittelgroßen Schüssel. Fisch hinzufügen; vorsichtig umrühren, um zu kombinieren. Aus der Fischmischung vier ½ Zoll dicke Bratlinge formen.

3. Geben Sie die restlichen ½ Tasse Leinsamenmehl in eine flache Schüssel. Die Kuchen in die Leinsamenmischung tauchen und gleichmäßig wenden.

4. Öl bei mittlerer Hitze in einer extra großen Pfanne erhitzen. Kochen Sie die Thunfischpastete in heißem Öl für 6 bis 8 Minuten oder bis ein sofort ablesbares Thermometer, das horizontal in die Pastete eingeführt wird, 160 ° F anzeigt und sich nach der Hälfte der Garzeit einmal dreht.

5. In der Zwischenzeit für die Aioli in einer mittelgroßen Schüssel die Avocado mit einer Gabel zerdrücken. Paleo Mayo, Zitronenschale, Zitronensaft und Knoblauch hinzugeben. Mischen, bis alles gut vermischt und fast glatt ist.

6. Spinat in eine mittelgroße Schüssel geben. Spinat mit gerösteter Knoblauch-Vinaigrette beträufeln; werfen zu tragen. Legen Sie für jede Portion eine Thunfischkugel und ein Viertel des Spinats auf eine Servierplatte. Den Thunfisch mit etwas Aioli garnieren. Spinat mit Äpfeln und Walnüssen garnieren. Sofort servieren.

GESTREIFTE SEEIGEL-TAJINE

HAUSAUFGABEN:50 Minuten Abkühlen: 1 bis 2 Stunden Kochen: 22 Minuten Backen: 25 Minuten Ergiebigkeit: 4 Portionen

TAGINE IST DER NAME VONSOWOHL EINE ART NORDAFRIKANISCHES GERICHT (EINE ART EINTOPF) ALS AUCH DER KONISCHE TOPF, IN DEM ES GEKOCHT WIRD. WENN SIE KEINE HABEN, FUNKTIONIERT EINE ABGEDECKTE OFENFESTE PFANNE GUT. CHERMOULA IST EINE DICKE PASTE AUS NORDAFRIKANISCHEN KRÄUTERN, DIE AM HÄUFIGSTEN ALS MARINADE FÜR FISCH VERWENDET WIRD. SERVIEREN SIE DIESES BUNTE FISCHGERICHT MIT SÜßKARTOFFELN ODER BLUMENKOHL.

- 4 6 Unzen frische oder gefrorene Streifenbarsch- oder Heilbuttfilets mit Haut
- 1 Bund gehackter Koriander
- 1 Teelöffel fein geriebene Zitronenschale (Reserve)
- ¼ Tasse frischer Zitronensaft
- 4 Esslöffel Olivenöl
- 5 gehackte Knoblauchzehen
- 4 Teelöffel gemahlener Kreuzkümmel
- 2 Teelöffel süßer Paprika
- 1 TL gemahlener Koriander
- ¼ TL gemahlener Anis
- 1 große Zwiebel, geschält, halbiert und in dünne Scheiben geschnitten
- 1 15 Unzen Dose ohne Salzzusatz feuergeröstete Tomatenwürfel, nicht abgetropft
- ½ Tasse Hühnerknochenbrühe (vgl Verschreibung) oder ungesalzene Hühnerbrühe
- 1 große gelbe Paprika, entkernt und in ½-Zoll-Streifen geschnitten
- 1 große orange Paprika, entkernt und in ½-Zoll-Streifen geschnitten

1. Tauen Sie Fisch auf, wenn er gefroren ist. Fisch abspülen; mit einem Papiertuch trocknen. Fischfilets in einer

flachen, nichtmetallischen Auflaufform anrichten. Den Fisch beiseite stellen.

2. Für die Chermoula Koriander, Zitronensaft, 2 Esslöffel Olivenöl, 4 gehackte Knoblauchzehen, Kreuzkümmel, Paprika, Koriander und Anis in einem kleinen Mixer oder einer Küchenmaschine mischen. Fertig und glatt gearbeitet.

3. Gießen Sie die Hälfte der Chermoula über den Fisch und wenden Sie sie, um beide Seiten zu bestreichen. Abdecken und 1 bis 2 Stunden kühl stellen. Top mit restlichen Chermoula; bei Raumtemperatur stehen lassen, bis es benötigt wird.

4. Backofen auf 325 °F vorheizen. Die restlichen 2 Esslöffel Öl in einer großen ofenfesten Pfanne bei mittlerer bis hoher Hitze erhitzen. Zwiebeln hinzufügen; kochen und rühren für 4 bis 5 Minuten oder bis sie weich sind. 1 gehackte Knoblauchzehe unterrühren; 1 Minute kochen und umrühren. Beiseite gestellte Chermoula, Tomaten, Hühnerknochenbrühe, Paprikastreifen und Zitronenschale hinzufügen. Zum Kochen bringen; Fieber senken. Ohne Deckel 15 Minuten köcheln lassen. Falls gewünscht, Mischung auf Tajine übertragen; Mit Fisch und übrig gebliebener Chermoula aus der Schüssel garnieren. Abdeckung; 25 Minuten backen. Sofort servieren.

MEERESFRÜCHTE-BOUILLABAISSE

BEGINN BIS ENDE: 1¾ STUNDEN AUSBEUTE: 4 PORTIONEN

WIE DER ITALIENISCHE CIOPPINO, DER FRANZÖSISCHE EINTOPF MIT MEERESFRÜCHTENVON FISCH UND MEERESFRÜCHTEN SCHEINT EINE PROBE DES TAGESFANGS ZU SEIN, DIE IN EINEM TOPF MIT KNOBLAUCH, ZWIEBELN, TOMATEN UND WEIN GEWORFEN WIRD. DER PROMINENTESTE GESCHMACK DER BOUILLABAISSE IST JEDOCH DIE KOMBINATION AUS SAFRAN, FENCHEL UND ORANGENSCHALE.

- 1 Pfund frische oder gefrorene Heilbuttfilets ohne Haut, in 1-Zoll-Stücke geschnitten
- 4 Esslöffel Olivenöl
- 2 Tassen gehackte Zwiebel
- 4 Knoblauchzehen, gehackt
- 1 Fenchelkopf, entkernt und gehackt
- 6 Roma-Tomaten, gehackt
- ¾ Tasse Hühnerknochenbrühe (vgl<u>Verschreibung</u>) oder ungesalzene Hühnerbrühe
- ¼ Tasse trockener Weißwein
- 1 Tasse fein gehackte Zwiebel
- 1 Fenchelkopf, entkernt und fein gehackt
- 6 gehackte Knoblauchzehen
- 1 Orange
- 3 Roma-Tomaten, fein gehackt
- 4 Safranfäden
- 1 Esslöffel frischer Oregano in Streifen geschnitten
- 1 Pfund Muscheln, geschrubbt und gespült
- 1 Pfund Muscheln, Bärte entfernt, gewaschen und gespült (vgl<u>mager</u>)
- Gehackter frischer Oregano (optional)

1. Heilbutt auftauen, falls er gefroren ist. Fisch abspülen; mit einem Papiertuch trocknen. Den Fisch beiseite stellen.

2. Erhitzen Sie 2 Esslöffel Olivenöl bei mittlerer Hitze in einem 6- bis 8-Liter-Topf. 2 Tassen gehackte Zwiebel, 1 Kopf gehackter Fenchel und 4 gehackte Knoblauchzehen in den Topf geben. 7 bis 9 Minuten kochen oder bis die Zwiebel weich ist, dabei gelegentlich umrühren. Fügen Sie 6 gehackte Tomaten und 1 Kopf gehackten Fenchel hinzu; 4 weitere Minuten kochen. Hühnerknochenbrühe und Weißwein in den Topf geben; 5 Minuten köcheln lassen; etwas abkühlen. Übertragen Sie die Gemüsemischung in einen Mixer oder eine Küchenmaschine. Abdecken und mischen oder verarbeiten, bis es glatt ist; beiseite legen.

3. Den restlichen 1 Esslöffel Olivenöl im gleichen Schmortopf bei mittlerer Hitze erhitzen. Fügen Sie 1 Tasse fein gehackte Zwiebel, 1 fein gehackten Fenchelkopf und 6 gehackte Knoblauchzehen hinzu. Bei mittlerer Hitze 5 bis 7 Minuten kochen oder bis sie fast weich sind, dabei häufig umrühren.

4. Mit einem Gemüseschäler die Schale in breiten Streifen von der Orange entfernen; beiseite legen. Die pürierte Gemüsemischung, 3 gehackte Tomaten, Safran, Oregano und Orangenschale in den Dutch Oven geben. Zum Kochen bringen; Hitze reduzieren, um weiter zu köcheln. Venusmuscheln, Miesmuscheln und Fisch hinzufügen; Vorsichtig schwenken, um den Fisch mit Sauce zu bestreichen. Stellen Sie die Hitze nach Bedarf ein, um ein langsames Köcheln aufrechtzuerhalten. Abdecken und 3 bis 5 Minuten köcheln lassen, bis sich Mies- und Venusmuscheln geöffnet haben und der Fisch beim Testen mit einer Gabel zu schuppen beginnt. In flachen Schalen

servieren. Falls gewünscht, mit zusätzlichem Oregano bestreuen.

KLASSISCHES GARNELEN-CEVICHE

HAUSAUFGABEN:20 Minuten kochen: 2 Minuten kühlen: 1 Stunde ruhen: 30 Minuten
Ausbeute: 3 bis 4 Portionen

DIESES LATEINAMERIKANISCHE GERICHT IST GROßARTIGVON GESCHMACK UND TEXTUR. KNUSPRIGE GURKE UND SELLERIE, CREMIGE AVOCADO, WÜRZIGE UND KNUSPRIGE JALAPEÑOS UND ZARTE, SÜßE GARNELEN MISCHEN SICH ALLE IN LIMETTENSAFT UND OLIVENÖL. BEI TRADITIONELLEM CEVICHE "KOCHT" DIE SÄURE AUS DEM LIMETTENSAFT DIE GARNELEN, ABER EIN SCHNELLES EINTAUCHEN IN KOCHENDES WASSER HINTERLÄSST NICHTS UND SCHADET WEDER DEM GESCHMACK NOCH DER TEXTUR DER GARNELEN.

- 1 Pfund frische oder gefrorene mittelgroße Garnelen, geschält und entdarmt, Schwänze entfernt
- ½ Gurke, geschält, entkernt und gehackt
- 1 Tasse gehackter Sellerie
- ½ kleine rote Zwiebel, gehackt
- 1 bis 2 Jalapeños, entkernt und gehackt (vgl mager)
- ½ Tasse frischer Limettensaft
- 2 Roma-Tomaten, gewürfelt
- 1 Avocado, halbiert, entkernt, geschält und gewürfelt
- ¼ Tasse frischer Koriander, gehackt
- 3 Esslöffel Olivenöl
- ½ Teelöffel schwarzer Pfeffer

1. Tauen Sie Garnelen auf, falls sie gefroren sind. Garnelen schälen und entdarmen; entfernen Sie den Schwanz. Garnelen abspülen; mit einem Papiertuch trocknen.

2. Füllen Sie einen großen Topf zur Hälfte mit Wasser. Zum Kochen bringen. Garnelen in kochendes Wasser geben.

kochen, unbedeckt, 1 bis 2 Minuten oder bis Garnelen undurchsichtig werden; abfließen Garnelen in kaltes Wasser legen und wieder abtropfen lassen. Garnelen in Würfel schneiden.

3. Kombinieren Sie Garnelen, Gurke, Sellerie, Zwiebel, Jalapeños und Limettensaft in einer großen, nicht reaktiven Schüssel. Abdecken und 1 Stunde kühl stellen, dabei ein- oder zweimal umrühren.

4. Tomaten, Avocado, Koriander, Olivenöl und schwarzen Pfeffer hinzufügen. Zugedeckt 30 Minuten bei Zimmertemperatur stehen lassen. Vor dem Servieren vorsichtig umrühren.

SALAT MIT GARNELEN UND SPINAT IN KOKOSKRUSTE

HAUSAUFGABEN:25 Minuten gebacken: 8 Minuten Ausbeute: 4 Portionen<u>FEIGE</u>

KOMMERZIELL HERGESTELLTE OLIVENÖL-SPRÜHDOSENKANN GETREIDEALKOHOL, LECITHIN UND TREIBGASE ENTHALTEN; ES IST KEINE GROßARTIGE KOMBINATION, WENN SIE VERSUCHEN, ECHTE, SAUBERE LEBENSMITTEL ZU ESSEN UND GETREIDE, UNGESUNDE FETTE, HÜLSENFRÜCHTE UND MILCHPRODUKTE ZU VERMEIDEN. EIN ÖLSPRÜHER VERWENDET NUR LUFT, UM ÖL IN EINEN FEINEN NEBEL ZU TREIBEN, DER PERFEKT IST, UM GARNELEN MIT KOKOSNUSSKRUSTE VOR DEM BACKEN LEICHT ZU BESCHICHTEN.

1½ Pfund frische oder gefrorene extra große Garnelen mit Schale

Misto-Zerstäuber gefüllt mit nativem Olivenöl extra

2 Eier

¾ Tasse ungesüßte Kokosflocken oder Kokosraspeln

¾ Tasse Mandelmehl

½ Tasse Avocadoöl oder Olivenöl

3 Esslöffel frischer Zitronensaft

2 Esslöffel frischer Limettensaft

2 kleine Knoblauchzehen, gehackt

⅛ bis ¼ Teelöffel zerstoßener roter Pfeffer

8 Tassen frischer Babyspinat

1 mittelgroße Avocado, halbiert, entkernt, geschält und in dünne Scheiben geschnitten

1 kleine süße orange oder gelbe Paprika, in dünne Streifen geschnitten

½ Tasse gehackte rote Zwiebel

1. Tauen Sie Garnelen auf, falls sie gefroren sind. Garnelen schälen und entdarmen, dabei die Schwänze intakt lassen. Garnelen abspülen; mit einem Papiertuch trocknen.

Backofen auf 450 ° F vorheizen. Ein großes Backblech mit Folie auslegen; Aluminiumfolie leicht mit Sprühöl aus einer Misto-Flasche bestreichen; beiseite legen.

2. Die Eier mit einer Gabel auf einem flachen Teller schlagen. In einem anderen flachen Teller Kokos- und Mandelmehl vermischen. Garnelen in Ei tauchen, zum Fell wenden. Tauchen Sie es in die Kokosnussmischung und drücken Sie es, um es zu beschichten (das Ende unbedeckt lassen). Ordnen Sie die Garnelen in einer einzigen Schicht auf dem vorbereiteten Backblech an. Bestreichen Sie die Oberseite der Garnelen mit Sprühöl aus der Misto-Flasche.

3. 8 bis 10 Minuten backen oder bis die Garnelen undurchsichtig und die Beläge leicht gebräunt sind.

4. In der Zwischenzeit für das Dressing Avocadoöl, Zitronensaft, Limettensaft, Knoblauch und zerstoßene rote Paprika in einem kleinen Glas mit Schraubverschluss vermengen. Schließen und gut schütteln.

5. Für Salate den Spinat auf vier Teller verteilen. Mit Avocado, Paprika, roten Zwiebeln und Garnelen garnieren. Mit Dressing beträufeln und sofort servieren.

CEVICHE MIT TROPISCHEN GARNELEN UND JAKOBSMUSCHELN

HAUSAUFGABEN:20 Minuten Mariniert: 30 bis 60 Minuten Ergiebigkeit: 4 bis 6 Portionen

FRISCHES UND LEICHTES CEVICHE IST EINE GROßARTIGE MAHLZEITFÜR EINE HEIßE SOMMERNACHT. MIT MELONE, MANGO, SERRANO-PFEFFER, FENCHEL UND MANGO-LIMETTEN-DRESSING (VGLVERSCHREIBUNG), DIES IST EINE SÜßE VERSION DES ORIGINALS.

1 Pfund frische oder gefrorene Jakobsmuscheln

1 Pfund frische oder gefrorene große Garnelen

2 Tassen gewürfelte Honigmelone

2 mittelgroße Mangos, entkernt, geschält und gehackt (ca. 2 Tassen)

1 Fenchelkopf, geputzt, geviertelt, entkernt und in dünne Scheiben geschnitten

1 mittelgroße rote Paprika, gehackt (ca. ¾ Tasse)

1 bis 2 Serrano-Paprikaschoten, nach Belieben entkernt und in dünne Scheiben geschnitten (vglmager)

½ Tasse leicht verpackter frischer Koriander, gehackt

1 Mango-Limetten-Salat-Dressing-Rezept (vglVerschreibung)

1. Tauen Sie Jakobsmuscheln und Garnelen auf, wenn sie gefroren sind. Jakobsmuscheln horizontal halbieren. Garnelen schälen, entdarmen und horizontal halbieren. Jakobsmuscheln und Garnelen abspülen; mit einem Papiertuch trocknen. Fülle einen großen Topf zu drei Vierteln mit Wasser. Zum Kochen bringen. Garnelen und Jakobsmuscheln hinzufügen; kochen Sie 3 bis 4 Minuten oder bis Garnelen und Jakobsmuscheln undurchsichtig sind; abgießen und unter kaltem Wasser abspülen, um

schnell abzukühlen. Gut abtropfen lassen und stehen lassen.

2. Mischen Sie in einer extra großen Schüssel Melone, Mango, Fenchel, Paprika, Serrano-Pfeffer und Koriander. Mango-Limetten-Salatdressing hinzufügen; sanft schwenken, um es zu beschichten. Fügen Sie vorsichtig die gekochten Garnelen und Jakobsmuscheln hinzu. Vor dem Servieren 30 bis 60 Minuten im Kühlschrank marinieren lassen.

KNOBLAUCHGARNELEN MIT WELKEM SPINAT UND RADICCHIO

HAUSAUFGABEN:Kochzeit: 15 Minuten: 8 Minuten Ausbeute: 3 Portionen

„SCAMPI" BEZEICHNET EIN KLASSISCHES RESTAURANTGERICHTAUS GROßEN GARNELEN GEBRATEN ODER GEGRILLT MIT BUTTER UND VIEL KNOBLAUCH UND ZITRONE. DIESE WÜRZIGE OLIVENÖL-VERSION IST PALÄO-ZUGELASSEN UND ERNÄHRUNGSPHYSIOLOGISCH ANGEREICHERT MIT EINEM SCHNELLEN BRATEN VON RADICCHIO UND SPINAT.

1 Pfund frische oder gefrorene große Garnelen

4 Esslöffel natives Olivenöl extra

6 gehackte Knoblauchzehen

½ Teelöffel schwarzer Pfeffer

¼ Tasse trockener Weißwein

½ Tasse gehackte frische Petersilie

½ Kopf Radicchio, entkernt und in dünne Scheiben geschnitten

½ TL zerstoßener roter Pfeffer

9 Tassen Babyspinat

Zitronenscheiben

1. Tauen Sie Garnelen auf, falls sie gefroren sind. Garnelen schälen und entdarmen, dabei die Schwänze intakt lassen. In einer großen Pfanne 2 Esslöffel Olivenöl bei mittlerer Hitze erhitzen. Garnelen, 4 gehackte Knoblauchzehen und schwarzen Pfeffer hinzufügen. Kochen und rühren Sie etwa 3 Minuten lang oder bis die Garnelen undurchsichtig sind. Die Garnelenmischung in eine Schüssel geben.

2. Weißwein in die Pfanne geben. Unter Rühren kochen, um den gebräunten Knoblauch vom Boden der Pfanne zu lösen. Garnelen mit Wein übergießen; rühren, um zu kombinieren. Fügen Sie die Petersilie hinzu. Zum Warmhalten locker mit Folie abdecken; beiseite legen.

3. Die restlichen 2 EL Olivenöl, 2 gehackte Knoblauchzehen, Radicchio und zerstoßene rote Paprika in die Pfanne geben. Bei mittlerer Hitze 3 Minuten kochen und umrühren oder bis der Radicchio zusammenzufallen beginnt. Spinat vorsichtig einrühren; kochen und 1 bis 2 weitere Minuten rühren oder bis der Spinat zart ist.

4. Zum Servieren die Spinatmischung auf drei Teller verteilen; mit Garnelenmischung belegen. Mit Zitronenschnitzen servieren, um sie über Garnelen und Gemüse zu drücken.

KRABBENSALAT MIT AVOCADO, GRAPEFRUIT UND JICAMA

ANFANG BIS ENDE:30 Minuten ergeben: 4 Portionen

AM BESTEN IST RIESEN- ODER RÜCKENFLOSSENFLEISCHFÜR DIESEN SALAT. GROBES, KLUMPIGES KRABBENFLEISCH BESTEHT AUS GROßEN STÜCKEN, DIE FÜR SALATE GEEIGNET SIND. BACKFIN IST EINE MISCHUNG AUS ZERBROCHENEN KRABBENFLEISCHSTÜCKEN IN GROßE STÜCKE UND KLEINEREN KRABBENFLEISCHSTÜCKEN AUS DEM KÖRPER DER KRABBE. OBWOHL KLEINER ALS DIE RIESENKRABBE, FUNKTIONIERT DIE RÜCKENFLOSSE GUT. FRISCH IST NATÜRLICH AM BESTEN, ABER GEFRORENE AUFGETAUTE KRABBEN SIND EINE GUTE WAHL.

6 Tassen Babyspinat

½ mittelgroße Jicama, geschält und gehackt *

2 rosa oder rubinrote Grapefruits, geschält, entkernt und in Scheiben geschnitten**

2 kleine Avocados, halbiert

1 Pfund Stücke oder Krabbenfleisch

Grapefruit-Basilikum-Dressing (siehe Rezept rechts)

1. Den Spinat auf vier Teller verteilen. Mit Jicama, Grapefruitstücken und angesammelten Säften, Avocado und Krabbenfleisch garnieren. Mit Basilikum-Grapefruit-Dressing beträufeln.

Grapefruit-Basilikum-Dressing: Kombinieren Sie ⅓ Tasse Olivenöl in einem Glas mit Schraubverschluss; ¼ Tasse frischer Grapefruitsaft; 2 Esslöffel frischer Orangensaft; ½ kleine Schalotte, gehackt; 2 Esslöffel fein gehackter frischer Basilikum; ¼ Teelöffel zerstoßener roter Pfeffer;

und ¼ Teelöffel schwarzer Pfeffer. Schließen und gut schütteln.

*Tipp: Mit einem Julienne-Schäler lässt sich Jicama schnell in dünne Streifen schneiden.

** Tipp: Um die Grapefruit zu schneiden, schneiden Sie eine Scheibe vom Stielende und von der Unterseite der Frucht ab. Stellen Sie es aufrecht auf eine Arbeitsfläche. Schneiden Sie die Frucht von oben nach unten entlang der abgerundeten Form der Frucht in Abschnitte, um die Schale in Streifen zu entfernen. Halten Sie die Frucht über eine Schüssel und schneiden Sie mit einem Schälmesser die Mitte der Frucht an den Seiten jedes Abschnitts durch, um sie vom Fruchtfleisch zu befreien. Legen Sie die Stücke in eine Schüssel mit dem angesammelten Saft. Entsorgen Sie das Fruchtfleisch.

CAJUN LOBSTER TAIL BOIL MIT ESTRAGON AIOLI

HAUSAUFGABEN:20 Minuten Kochen: 30 Minuten Ausbeute: 4 PortionenFEIGE

FÜR EIN ROMANTISCHES ABENDESSEN ZU ZWEIT,DIESES REZEPT LÄSST SICH LEICHT HALBIEREN. VERWENDEN SIE EINE SEHR SCHARFE KÜCHENSCHERE, UM DIE SCHALE VON DEN HUMMERSCHWÄNZEN ABZUSCHNEIDEN, UM EIN SCHMACKHAFTES FLEISCH ZU ERHALTEN.

2 Cajun-Gewürzrezepte (vglVerschreibung)

12 Knoblauchzehen, geschält und halbiert

2 Zitronen, halbiert

2 große Karotten, geschält

2 Stangen Sellerie, geschält

2 Fenchelknollen, in dünne Scheiben geschnitten

1 Pfund ganze Pilze

4 Hummerschwänze aus Maine, 7 bis 8 Unzen

4 8-Zoll-Bambusspieße

½ Tasse Paleo Aïoli (Mayo mit Knoblauch) (vglVerschreibung)

¼ Tasse Dijon-Senf (vglVerschreibung)

2 EL Estragon oder frische Petersilie in Streifen geschnitten

1. Kombinieren Sie 6 Tassen Wasser, Cajun-Gewürz, Knoblauch und Zitronen in einem 8-Liter-Topf. Zum Kochen bringen; 5 Minuten kochen. Reduziere die Hitze, um die Flüssigkeit am Köcheln zu halten.

2. Möhren und Sellerie quer in vier Stücke schneiden. Karotten, Sellerie und Fenchel in die Flüssigkeit geben. Abdecken und 10 Minuten garen. Pilze hinzufügen;

abdecken und 5 Minuten garen. Gemüse mit Schaumlöffel in die Schüssel geben; warm halten

3. Beginnen Sie am Stielende jedes Hummerschwanzes und schieben Sie einen Spieß zwischen das Fleisch und die Schale und gehen Sie fast ganz durch. (Dies verhindert, dass sich der Schwanz beim Kochen kräuselt.) Reduzieren Sie die Hitze. Hummerschwänze in kochendem Wasser in einem Topf 8 bis 12 Minuten kochen oder bis die Schalen leuchtend rot und das Fleisch zart ist, wenn man es mit einer Gabel einsticht. Den Hummer aus der Kochflüssigkeit nehmen. Halten Sie die Hummerschwänze mit einem Küchentuch fest und entfernen und entsorgen Sie die Spieße.

4. Mischen Sie in einer kleinen Schüssel Paleo Aioli, Dijon-Senf und Estragon. Mit Hummer und Gemüse servieren.

GEBRATENE MUSCHELN MIT SAFRAN-ALIOLI

ANFANG BIS ENDE: 1¼ STUNDEN AUSBEUTE: 4 PORTIONEN

DIES IST EINE PALEO-VERSION DES FRANZÖSISCHEN KLASSIKERSVON IN WEIßWEIN UND KRÄUTERN GEDÜNSTETEN MUSCHELN UND MIT DÜNNEN UND KNUSPRIGEN WEIßEN KARTOFFELPOMMES. ENTSORGEN SIE MUSCHELN, DIE SICH VOR DEM KOCHEN NICHT SCHLIEßEN, UND MUSCHELN, DIE SICH NACH DEM KOCHEN NICHT ÖFFNEN.

PASTINAKEN-POMMES
- 1½ Pfund Pastinaken, geschält und im Juli auf 3 × ¼ Zoll geschnitten
- 3 Esslöffel Olivenöl
- 2 Knoblauchzehen gehackt
- ¼ TL schwarzer Pfeffer
- ⅛ Teelöffel Cayennepfeffer

SAFRAN-AIOLI
- ⅓ Tasse Paleo Alioli (Knoblauchmayonnaise) (vgl<u>Verschreibung</u>)
- ⅛ Teelöffel Safranfäden, leicht gestoßen

BLAUE MUSCHEL
- 4 Esslöffel Olivenöl
- ½ Tasse fein gehackte Schalotten
- 6 gehackte Knoblauchzehen
- ¼ TL schwarzer Pfeffer
- 3 Tassen trockener Weißwein
- 3 große Zweige glattblättrige Petersilie
- 4 Pfund Muscheln, gereinigt und gehäutet *
- ¼ Tasse gehackte frische italienische (flachblättrige) Petersilie
- 2 Esslöffel frischer Estragon in Streifen geschnitten (optional)

1. Für Pastinakenchips Ofen auf 250 °F vorheizen. Geschnittene Pastinaken in ausreichend kaltes Wasser tauchen, um sie 30 Minuten lang im Kühlschrank zu bedecken; abtropfen lassen und mit Küchenpapier trocken tupfen.

2. Ein großes Backblech mit Backpapier auslegen. Die Pastinaken in eine extra große Schüssel geben. Kombinieren Sie in einer kleinen Schüssel 3 Esslöffel Olivenöl, 2 gehackte Knoblauchzehen, je ¼ Teelöffel schwarzen Pfeffer und Cayennepfeffer; über die Pastinaken streuen und schwenken. Die Pastinaken in einer gleichmäßigen Schicht auf dem vorbereiteten Backblech verteilen. 30 bis 35 Minuten backen oder bis sie weich sind und anfangen zu bräunen, dabei gelegentlich umrühren.

3. Für die Aioli Paleo-Aioli und Safran in einer kleinen Schüssel mischen. Bis zum Servieren abdecken und kühl stellen.

4. In der Zwischenzeit in einem 6- bis 8-Liter-Topf oder Schmortopf 4 Esslöffel Olivenöl bei mittlerer Hitze erhitzen. Fügen Sie Schalotten, 6 Knoblauchzehen und ¼ Teelöffel schwarzen Pfeffer hinzu; Kochen Sie etwa 2 Minuten oder bis sie weich und welk sind, und rühren Sie oft um.

5. Den Wein und die Petersilienzweige in den Topf geben; zum Kochen bringen. Miesmuscheln zugeben, mehrmals umrühren. Fest zudecken und 3 bis 5 Minuten dämpfen oder bis sich die Schalen öffnen, dabei zweimal vorsichtig umrühren. Entsorgen Sie Muscheln, die sich nicht öffnen.

6. Verwenden Sie einen großen Löffel, um die Muscheln auf flache Suppenteller zu geben. Entfernen und entsorgen Sie Petersilienzweige aus der Kochflüssigkeit; Kochflüssigkeit über die Muscheln gießen. Mit gehackter Petersilie und nach Belieben Estragon bestreuen. Sofort mit Pastinaken-Pommes und Safran-Aioli servieren.

* Tipp: Kochen Sie die Muscheln am selben Tag, an dem Sie sie kaufen. Wenn Sie wild geerntete Muscheln verwenden, weichen Sie sie 20 Minuten lang in einer Schüssel mit kaltem Wasser ein, um Sand und Splitt zu entfernen. (Dies ist bei Muscheln aus Zuchtbetrieben nicht erforderlich.) Schrubben Sie die Muscheln einzeln mit einer harten Bürste unter fließendem kaltem Wasser. Senf von Muscheln etwa 10 bis 15 Minuten vor dem Kochen. Der Bart ist eine kleine Gruppe von Fasern, die aus der Schale hervorgehen. Um den Bart zu entfernen, nehmen Sie die Schnur zwischen Daumen und Zeigefinger und ziehen Sie sie zum Scharnier. (Diese Methode tötet die Muschel nicht.) Sie können auch eine Zange oder Pinzette zum Fangen verwenden. Stellen Sie sicher, dass die Schale jeder Muschel fest verschlossen ist. Wenn es offene Muscheln gibt, klopfen Sie vorsichtig auf den Tisch. Entsorgen Sie Muscheln, die sich nicht innerhalb weniger Minuten schließen.

GEBRATENE JAKOBSMUSCHELN MIT ROTE-BETE-SAUCE

ANFANG BIS ENDE:30 Minuten ergeben: 4 PortionenFEIGE

FÜR EINE SCHÖNE GOLDENE KRUSTE,STELLEN SIE SICHER, DASS DIE OBERFLÄCHE DER JAKOBSMUSCHELN SEHR TROCKEN UND DIE PFANNE HEIß IST, BEVOR SIE SIE IN DIE PFANNE GEBEN. LASSEN SIE DIE JAKOBSMUSCHELN AUCH UNGESTÖRT 2 BIS 3 MINUTEN BRÄUNEN UND PRÜFEN SIE SIE SORGFÄLTIG, BEVOR SIE SIE WENDEN.

1 Pfund frische oder gefrorene Jakobsmuscheln, mit Küchenpapier trocken getupft

3 mittelgroße Rote Beete, geschält und in Stücke geschnitten

½ Granny-Smith-Apfel, geschält und gehackt

2 Jalapeños, entkernt, entkernt und gehackt (vglmager)

¼ Tasse gehackter frischer Koriander

2 Esslöffel fein gehackte rote Zwiebel

4 Esslöffel Olivenöl

2 Esslöffel frischer Limettensaft

Weißer Pfeffer

1. Jakobsmuscheln auftauen lassen, falls gefroren.

2. Für die Rübensoße Rüben, Apfel, Jalapeños, Koriander, Zwiebel, 2 Esslöffel Olivenöl und Limettensaft in einer mittelgroßen Schüssel mischen. Gut mischen. Bei der Zubereitung von Jakobsmuscheln reservieren.

3. Jakobsmuscheln abspülen; mit einem Papiertuch trocknen. In einer großen Pfanne die restlichen 2 Esslöffel Olivenöl bei mittlerer bis hoher Hitze erhitzen. Jakobsmuscheln hinzufügen; 4 bis 6 Minuten grillen oder bis sie außen

goldbraun und gerade noch undurchsichtig sind. Die Jakobsmuscheln leicht mit weißem Pfeffer bestreuen.

4. Zum Servieren die Rübensoße gleichmäßig auf die Teller verteilen; oben mit Jakobsmuscheln. Sofort servieren.

GEGRILLTE JAKOBSMUSCHELN MIT GURKEN-DILL-SAUCE

HAUSAUFGABEN:Kalt 35 Minuten: 1 bis 24 Stunden Grill: 9 Minuten Ausbeute: 4 Portionen

HIER IST EIN TIPP FÜR DIE PERFEKTEN AVOCADOS:KAUFEN SIE SIE, WENN SIE HELLGRÜN UND HART SIND, UND LASSEN SIE SIE DANN EINIGE TAGE AUF DER THEKE REIFEN, BIS SIE AUF LEICHTEN DRUCK MIT DEN FINGERN ETWAS NACHGEBEN. WENN SIE HART UND UNREIF SIND, BEKOMMEN SIE BEIM TRANSPORT VOM MARKT KEINE DRUCKSTELLEN.

12 bis 16 frische oder gefrorene Jakobsmuscheln (insgesamt 1¼ bis 1¾ Pfund)

¼ Tasse Olivenöl

4 Knoblauchzehen, gehackt

1 Teelöffel frisch gemahlener schwarzer Pfeffer

2 mittelgroße Zucchini, geputzt und längs halbiert

½ mittelgroße Gurke, längs halbiert und quer in dünne Scheiben geschnitten

1 mittelgroße Avocado, halbiert, entkernt, geschält und gehackt

1 mittelgroße Tomate, entkernt, entkernt und gehackt

2 TL Minze frische Minze

1 Teelöffel frischer Dill, in Streifen geschnitten

1. Jakobsmuscheln auftauen lassen, falls gefroren. Jakobsmuscheln unter kaltem Wasser abspülen; mit einem Papiertuch trocknen. Mischen Sie in einer großen Schüssel 3 Esslöffel Öl, den Knoblauch und ¾ Teelöffel Pfeffer. Jakobsmuscheln hinzufügen; sanft schwenken, um es zu beschichten. Abdecken und mindestens 1 Stunde oder bis zu 24 Stunden kühl stellen und gelegentlich umrühren.

2. Die Zucchinihälften mit dem restlichen Esslöffel Öl bestreichen; gleichmäßig über den restlichen ¼ Teelöffel Pfeffer streuen.

3. Jakobsmuscheln abtropfen lassen, Marinade verwerfen. Fädeln Sie zwei 10- bis 12-Zoll-Spieße durch jede Jakobsmuschel, verwenden Sie 3 bis 4 Jakobsmuscheln pro Spieß und lassen Sie einen Abstand von ½ Zoll zwischen den Jakobsmuscheln. *(Das Auffädeln der Jakobsmuscheln auf zwei Schienen hilft, sie beim Grillen und Wenden stabil zu halten.)

4. Bei einem Holzkohle- oder Gasgrill die Jakobsmuschelspieße und Zucchinihälften bei mittlerer Hitze direkt auf den Grill legen. ** Abdecken und kochen, bis die Jakobsmuscheln undurchsichtig und die Zucchini zart sind, nach der Hälfte des Rostes wenden. Warten Sie 6 bis 8 Minuten für Jakobsmuscheln und 9 bis 11 Minuten für Zucchini.

5. In der Zwischenzeit für die Sauce Gurke, Avocado, Tomaten, Minze und Dill in einer mittelgroßen Schüssel mischen. Zum Kombinieren vorsichtig mischen. Je 1 Jakobsmuschel auf vier Teller legen. Die Zucchinihälften schräg halbieren und zu einem Gericht mit Jakobsmuscheln geben. Gießen Sie die Gurkenmischung gleichmäßig über die Jakobsmuscheln.

*Tipp: Wenn Sie Holzspieße verwenden, weichen Sie diese vor Gebrauch 30 Minuten lang in ausreichend Wasser ein, um sie zu bedecken.

**Zum Grillen: Wie in Schritt 3 beschrieben zubereiten. Jakobsmuschelspieße und Zucchinihälften auf einem unbeheizten Rost in einer Bratpfanne anordnen. Grillen Sie 4 bis 5 Zoll von der Hitze, bis die Jakobsmuscheln undurchsichtig und die Zucchini zart sind, und drehen Sie sie nach der Hälfte des Garvorgangs einmal um. Warten Sie 6 bis 8 Minuten für Jakobsmuscheln und 10 bis 12 Minuten für Zucchini.

GEGRILLTE JAKOBSMUSCHELN MIT TOMATEN, OLIVENÖL UND KRÄUTERSAUCE

HAUSAUFGABEN:Kochzeit: 20 Minuten: 4 Minuten Ausbeute: 4 Portionen

DIE SAUCE IST FAST WIE EINE WARME VINAIGRETTE.OLIVENÖL, FRISCH GEHACKTE TOMATEN, ZITRONENSAFT UND KRÄUTER WERDEN ZUSAMMENGEMISCHT UND SEHR SANFT ERHITZT, GERADE GENUG, UM DIE AROMEN ZU VERMISCHEN, UND DANN MIT GEBRATENEN JAKOBSMUSCHELN UND EINEM KNACKIGEN SONNENBLUMENSPROSSENSALAT SERVIERT.

JAKOBSMUSCHELN UND SOßE

1 bis 1½ Pfund Jakobsmuscheln, frisch oder gefroren (ca. 12)

2 große Roma-Tomaten, geschält, *entkernt und gehackt

½ Tasse Olivenöl

2 Esslöffel frischer Zitronensaft

2 Esslöffel gehackter frischer Basilikum

1 bis 2 Teelöffel fein gehackter Schnittlauch

1 Esslöffel Olivenöl

SALAT

4 Tassen Sonnenblumensprossen

1 Zitrone in Spalten geschnitten

Natives Olivenöl extra

1. Jakobsmuscheln auftauen lassen, falls gefroren. Jakobsmuscheln abspülen; Ich weiß, dass. Beiseite legen.

2. Für die Sauce Tomaten, ½ Tasse Olivenöl, Zitronensaft, Basilikum und Frühlingszwiebeln in einem kleinen Topf vermengen; beiseite legen.

3. 1 Esslöffel Olivenöl in einer großen Pfanne bei mittlerer bis hoher Hitze erhitzen. Jakobsmuscheln hinzufügen; 4 bis 5 Minuten kochen oder bis sie goldbraun und undurchsichtig sind, nach der Hälfte des Garvorgangs einmal wenden.

4. Für den Salat die Sprossen in eine Servierschüssel geben. Zitronenscheiben über die Sprossen auspressen und mit etwas Olivenöl beträufeln. Zum Kombinieren mischen.

5. Soße bei schwacher Hitze erhitzen, bis sie warm ist; nicht kochen Zum Servieren etwas Soße in die Mitte des Tellers geben; Top mit 3 der Jakobsmuscheln. Mit dem Sprossensalat servieren.

*Tipp: Um eine Tomate leicht zu schälen, legen Sie sie 30 Sekunden bis 1 Minute lang in einen Topf mit kochendem Wasser oder bis sich die Haut auflöst. Nehmen Sie die Tomaten aus dem kochenden Wasser und tauchen Sie sie sofort in eine Schüssel mit Eiswasser, um den Kochvorgang zu stoppen. Wenn die Tomate kühl genug zum Anfassen ist, die Haut entfernen.

GERÖSTETER KREUZKÜMMEL-BLUMENKOHL MIT FENCHEL UND PERLZWIEBELN

HAUSAUFGABEN:15 Minuten Kochzeit: 25 Minuten Ausbeute: 4 PortionenFEIGE

ES GIBT ETWAS BESONDERS VERLOCKENDESÜBER EINE KOMBINATION AUS GERÖSTETEM BLUMENKOHL UND DEM GERÖSTETEN, ERDIGEN GESCHMACK VON KREUZKÜMMEL. EINEN ZUSÄTZLICHEN SÜßEFAKTOR ERHÄLT DIESES GERICHT DURCH DIE GETROCKNETEN JOHANNISBEEREN. WENN SIE MÖCHTEN, KÖNNEN SIE IN SCHRITT 2 MIT ¼ BIS ½ TEELÖFFEL ZERDRÜCKTER ROTER PAPRIKA ZUSAMMEN MIT DEM KREUZKÜMMEL UND DEN JOHANNISBEEREN ETWAS HITZE HINZUFÜGEN.

3 Esslöffel unraffiniertes Kokosöl
1 mittelgroßer Blumenkohl, in Blumenkohlröschen geschnitten (4 bis 5 Tassen)
2 Fenchelköpfe, grob gehackt
1½ Tassen gefrorene Perlzwiebeln, aufgetaut und abgetropft
¼ Tasse getrocknete Johannisbeeren
2 Teelöffel gemahlener Kreuzkümmel
gehackter frischer Dill (optional)

1. Kokosöl bei mittlerer Hitze in einer extra großen Pfanne erhitzen. Blumenkohl, Fenchel und Perlzwiebeln dazugeben. Abdecken und 15 Minuten garen, gelegentlich umrühren.

2. Reduzieren Sie die Hitze auf mittel-niedrig. Johannisbeeren und Kreuzkümmel in die Pfanne geben; kochen, unbedeckt, etwa 10 Minuten oder bis Blumenkohl und

Fenchel weich und goldbraun sind. Nach Belieben mit Dill garnieren.

DICKE TOMATEN-AUBERGINEN-SAUCE MIT SPAGHETTIKÜRBIS

HAUSAUFGABEN: 30 Minuten Backen: 50 Minuten Kühlen: 10 Minuten Kochen: 10 Minuten Ausbeute: 4 Portionen

DIESE WÜRZIGE BEILAGE DREHT SICH LEICHT UMZUM HAUPTGANG. FÜGEN SIE DER TOMATEN-AUBERGINEN-MISCHUNG ETWA 1 PFUND GEKOCHTES RINDERHACK ODER BISON HINZU, NACHDEM SIE ES MIT EINEM KARTOFFELSTAMPFER LEICHT ZERDRÜCKT HABEN.

- 1 Spaghettikürbis 2 bis 2½ Pfund
- 2 Esslöffel Olivenöl
- 1 Tasse geschälte und gehackte Auberginen
- ¾ Tasse gehackte Zwiebel
- 1 kleine rote Paprika, gehackt (½ Tasse)
- 4 Knoblauchzehen, gehackt
- 4 mittelreife rote Tomaten, nach Belieben geschält und grob gehackt (ca. 2 Tassen)
- ½ Tasse gehackter frischer Basilikum

1. Ofen auf 375° F vorheizen. Ein kleines Backblech mit Pergamentpapier auslegen. Den Spaghettikürbis quer halbieren. Verwenden Sie einen großen Löffel, um die Samen und Fäden herauszukratzen. Die Hälfte des Kürbisses mit der Schnittfläche nach unten auf das vorbereitete Backblech legen. Ohne Deckel 50 bis 60 Minuten backen oder bis der Kürbis weich ist. Auf einem Gitter etwa 10 Minuten abkühlen lassen.

2. In der Zwischenzeit das Olivenöl in einer großen Pfanne bei mittlerer Hitze erhitzen. Zwiebeln, Auberginen und Paprika hinzufügen; 5 bis 7 Minuten kochen oder bis das

Gemüse weich ist, gelegentlich umrühren. Knoblauch hinzufügen; kochen und weitere 30 Sekunden rühren. Tomaten hinzufügen; 3 bis 5 Minuten kochen oder bis die Tomaten weich sind, dabei gelegentlich umrühren. Verwenden Sie einen Kartoffelstampfer, um die Mischung leicht zu zerdrücken. Die Hälfte des Basilikums hinzugeben. Abdecken und 2 Minuten garen.

3. Verwenden Sie einen Topflappen oder ein Handtuch, um die Kürbishälften zusammenzuhalten. Kratzen Sie das Kürbisfleisch mit einer Gabel in eine mittelgroße Schüssel. Kürbis auf vier Teller verteilen. Gleichmäßig mit Soße bestreichen. Mit dem restlichen Basilikum bestreuen.

GEFÜLLTE PORTOBELLO-PILZE

HAUSAUFGABEN: 35 Minuten backen: 20 Minuten kochen: 7 Minuten Ausbeute: 4 Portionen

FÜR DIE FRISCHESTEN PORTOBELLOS, SUCHEN SIE NACH PILZEN, DEREN STÄNGEL NOCH INTAKT SIND. DIE KIEMEN SOLLTEN FEUCHT, ABER NICHT NASS ODER SCHWARZ AUSSEHEN UND GUT GETRENNT SEIN. UM JEDE ART VON PILZEN ZUM KOCHEN VORZUBEREITEN, TUPFEN SIE SIE MIT EINEM LEICHT FEUCHTEN PAPIERTUCH TROCKEN. PILZE NIEMALS UNTER WASSER HALTEN ODER IN WASSER TAUCHEN; SIE SIND SEHR SAUGFÄHIG UND WERDEN WEICH UND MIT WASSER VOLLGESOGEN.

- 4 große Portobello-Pilze (insgesamt etwa 1 Pfund)
- ¼ Tasse Olivenöl
- 1 EL Räuchergewürz (vgl Verschreibung)
- 2 Esslöffel Olivenöl
- ½ Tasse gehackte Schalotten
- 1 Esslöffel gehackter Knoblauch
- 1 Pfund Mangold, Stiele entfernt und gehackt (ca. 10 Tassen)
- 2 TL mediterrane Gewürze (vgl Verschreibung)
- ½ Tasse gehackte Radieschen

1. Backofen auf 200 °C vorheizen. Stiele von den Pilzen entfernen und für Schritt 2 aufbewahren. Mit der Löffelspitze die Kiemen von den Kappen kratzen; entsorgen Sie die Kiemen. Ordnen Sie die Pilzkappen in einer rechteckigen 3-Liter-Auflaufform an; Bürsten Sie beide Seiten der Pilze mit ¼ Tasse Olivenöl. Drehen Sie die Kappen von den Pilzen, sodass die Stielseiten nach oben zeigen. Mit Räuchergewürz bestreuen. Decken Sie

die Auflaufform mit Alufolie ab. Zugedeckt etwa 20 Minuten backen oder bis sie weich sind.

2. In der Zwischenzeit die reservierten Pilzstiele hacken; beiseite legen. Für den Mangold die dicken Streifen von den Blättern entfernen und entsorgen. Die Kartoffelblätter in große Stücke schneiden.

3. Erhitzen Sie 2 Esslöffel Olivenöl bei mittlerer Hitze in einer extra großen Pfanne. Schalotten und Knoblauch hinzufügen; 30 Sekunden kochen und umrühren. Gehackte Pilzstiele, gehackten Mangold und mediterrane Gewürze zugeben. kochen, unbedeckt, 6 bis 8 Minuten oder bis Mangold weich ist, gelegentlich umrühren.

4. Die Kartoffelmischung auf die Pilzköpfe verteilen. Den Rest der Flüssigkeit in eine feuerfeste Form über die gefüllten Champignons gießen. Mit gehackten Radieschen belegen.

GERÖSTETER RADICCHIO

HAUSAUFGABEN: 20 Minuten Kochen: 15 Minuten Ausbeute: 4 Portionen

RADICCHIO WIRD AM HÄUFIGSTEN GEGESSEN ALS TEIL EINES SALATS, UM EINE SCHÖNE BITTERKEIT ZWISCHEN DER GEMÜSEMISCHUNG ZU GEBEN, ABER SIE KÖNNEN AUCH ALLEINE BRATEN ODER GRILLEN. DEM RADICCHIO IST EINE LEICHTE BITTERKEIT EIGEN, DIE ABER NICHT ÜBERWÄLTIGEND SEIN SOLL. SUCHEN SIE NACH KLEINEREN KNOSPEN, DEREN BLÄTTER FRISCH UND KNACKIG UND NICHT VERWELKT SIND. DAS ABGESCHNITTENE ENDE KANN EIN WENIG BRAUN SEIN, SOLLTE ABER HAUPTSÄCHLICH WEIß SEIN. IN DIESEM REZEPT FÜGT EIN SPRITZER BALSAMICO-ESSIG VOR DEM SERVIEREN SÜßE HINZU.

2 große Radicchioköpfe

¼ Tasse Olivenöl

1 TL mediterrane Gewürze (vgl Verschreibung)

¼ Tasse Balsamico-Essig

1. Heizen Sie den Ofen auf 200 °F vor. Schneiden Sie den Radicchio in Viertel und lassen Sie etwas Kern übrig (Sie sollten 8 Keile haben). Die Schnittflächen der Radicchioscheiben mit Olivenöl bepinseln. Legen Sie die Boote mit der Schnittfläche nach unten auf ein Backblech; mit mediterranen Gewürzen bestreuen.

2. Ca. 15 Minuten grillen oder bis der Radicchio zusammenfällt, nach der Hälfte der Garzeit einmal wenden. Den Radicchio in eine Servierschüssel geben. beträufeln Sie Balsamico-Essig; sofort servieren.

GEBRATENER FENCHEL MIT ORANGEN-VINAIGRETTE

HAUSAUFGABEN: 25 Minuten Braten: 25 Minuten Ausbeute: 4 Portionen

HEBEN SIE DIE ÜBRIG GEBLIEBENE VINAIGRETTE AUF, UM SIE ZU WERFENMIT EINEM GRÜNEN SALAT ODER MIT GEGRILLTEM SCHWEINEFLEISCH, GEFLÜGEL ODER FISCH SERVIEREN. BEWAHREN SIE ÜBRIG GEBLIEBENE VINAIGRETTE BIS ZU 3 TAGE IN EINEM DICHT VERSCHLOSSENEN BEHÄLTER IM KÜHLSCHRANK AUF.

- 6 Esslöffel natives Olivenöl extra, plus mehr zum Bürsten
- 1 große Fenchelknolle, geputzt, entkernt und in Spalten geschnitten (Blätter nach Wunsch zum Garnieren zurückbehalten)
- 1 lila Zwiebel, in Spalten geschnitten
- ½ Orange, in dünne Scheiben geschnitten
- ½ Tasse Orangensaft
- 2 Esslöffel Weißweinessig oder Champagneressig
- 2 Esslöffel Apfelsaft
- 1 TL gemahlene Fenchelsamen
- 1 Teelöffel fein abgeriebene Orangenschale
- ½ TL Dijon-Senf (vgl_Verschreibung_)
- Schwarzer Pfeffer

1. Backofen auf 425 ° F vorheizen. Ein großes Backblech leicht mit Olivenöl bepinseln. Fenchel-, Zwiebel- und Orangenscheiben auf einem Backblech anrichten; mit 2 EL Olivenöl beträufeln. Gemüse vorsichtig schwenken, um es mit Öl zu bestreichen.

2. Grillen Sie das Gemüse 25 bis 30 Minuten lang oder bis das Gemüse weich und leicht gebräunt ist, und wenden Sie es nach der Hälfte des Bratens einmal.

3. In der Zwischenzeit für die Orangen-Vinaigrette Orangensaft, Essig, Cidre, Fenchelsamen, Orangenschale, Dijon-Senf und Pfeffer nach Geschmack in einem Mixer mischen. Bei laufendem Mixer langsam die restlichen 4 Esslöffel Olivenöl in einem dünnen Strahl hinzugeben. Mischen Sie weiter, bis die Vinaigrette eindickt.

4. Gemüse auf einen Servierteller geben. Das Gemüse mit etwas Vinaigrette anrichten. Nach Belieben mit zurückbehaltenen Fenchelblättern garnieren.

WIRSINGKOHL NACH PUNJABI-ART

HAUSAUFGABEN:20 Minuten Kochzeit: 25 Minuten Ausbeute: 4 PortionenFEIGE

ES IST ERSTAUNLICH, WAS PASSIERTBIS HIN ZU SCHLICHTEM KOHL, DER SCHMACKHAFT IST, WENN ER MIT INGWER, KNOBLAUCH, CHILI UND INDISCHEN GEWÜRZEN GEKOCHT WIRD. GERÖSTETE SENF-, KORIANDER- UND KREUZKÜMMELSAMEN VERLEIHEN DIESEM GERICHT GESCHMACK UND KNUSPRIGKEIT. ACHTUNG: ES IST HEIß! VOGELSCHNABEL-CHILI IST KLEIN, ABER SEHR KRÄFTIG UND DAS GERICHT HAT AUCH JALAPENO. WER ES WENIGER SCHARF MÖCHTE, NIMMT EINFACH JALAPEÑO.

- 1 2-Zoll-Knopf frischer Ingwer, geschält und in ⅓-Zoll-Scheiben geschnitten
- 5 Knoblauchzehen
- 1 große Jalapeño, gestielt, entkernt und halbiert (vgl_mager_)
- 2 Teelöffel Garam Masala ohne Salzzusatz
- 1 Teelöffel gemahlene Kurkuma
- ½ Tasse Hühnerknochenbrühe (vgl_Verschreibung_) oder ungesalzene Hühnerbrühe
- 3 Esslöffel raffiniertes Kokosöl
- 1 Esslöffel schwarze Senfkörner
- 1 TL Koriandersamen
- 1 TL Kreuzkümmel
- 1 ganze Vogelschnabel-Chili (Baum-Chili) (vgl_mager_)
- 1 3-Zoll-Zimtstange
- 2 Tassen dünn geschnittene gelbe Zwiebeln (ca. 2 mittelgroße)
- 12 Tassen Grünkohl, entkernt, in dünne Scheiben geschnitten (ca. 1½ Pfund)
- ½ Tasse frischer Koriander, gehackt (optional)

1. Kombinieren Sie Ingwer, Knoblauch, Jalapeño, Garam Masala, Kurkuma und ¼ Tasse Hühnerknochenbrühe in einer Küchenmaschine oder einem Mixer. Abdecken und verarbeiten oder mischen, bis es glatt ist; beiseite legen.

2. Kombinieren Sie Kokosöl, Senfsamen, Koriandersamen, Kümmelsamen, Chili und Zimtstange in einer extra großen Pfanne. Bei mittlerer Hitze unter häufigem Schütteln der Pfanne 2 bis 3 Minuten kochen oder bis die Zimtstangen platzen (Vorsicht, Senfkörner platzen und spritzen beim Kochen). Zwiebeln hinzufügen; kochen und 5 bis 6 Minuten lang umrühren oder bis die Zwiebel leicht gebräunt ist. Fügen Sie die Ingwermischung hinzu. 6 bis 8 Minuten kochen oder bis die Mischung gut karamellisiert ist, dabei oft umrühren.

3. Kohl und restliche Hühnerknochenbrühe hinzugeben; gut mischen. Abdecken und ca. 15 Minuten kochen oder bis der Kohl weich ist, dabei zweimal umrühren. Decke die Pfanne auf. Kochen und 6 bis 7 Minuten lang umrühren oder bis der Kohl leicht gebräunt ist und überschüssige Hühnerknochenbrühe verdunstet ist.

4. Zimtstange und Chili entfernen und entsorgen. Nach Belieben mit Koriander bestreuen.

ZIMT GERÖSTETER BUTTERNUT-KÜRBIS

HAUSAUFGABEN: 20 Minuten Braten: 30 Minuten ergibt: 4 bis 6 Portionen

EINE PRISE CAYENNEPFEFFER VERLEIHT DIESEN SÜßEN GERÖSTETEN KÜRBISWÜRFELN EINEN HAUCH VON SCHÄRFE. ES IST EINFACH ZU ÜBERSPRINGEN, WENN SIE MÖCHTEN. SERVIEREN SIE DIESE EINFACHE BEILAGE MIT SCHWEINEBRATEN ODER SCHWEINEKOTELETTS.

1 Butternusskürbis (ca. 2 Pfund), geschält, entkernt und in ¾-Zoll-Würfel geschnitten

2 Esslöffel Olivenöl

½ Teelöffel gemahlener Zimt

¼ TL schwarzer Pfeffer

⅛ Teelöffel Cayennepfeffer

1. Ofen auf 400 °F vorheizen. Kürbis in einer großen Schüssel mit Olivenöl, Zimt, schwarzem Pfeffer und Cayennepfeffer vermischen. Ein großes Backblech mit Pergamentpapier auslegen. Den Kürbis in einer Schicht auf dem Backblech verteilen.

2. 30 bis 35 Minuten grillen oder bis der Kürbis weich und an den Rändern goldbraun ist, dabei ein- oder zweimal umrühren.

GEGRILLTER SPARGEL MIT EINEM GESIEBTEN EI UND WALNÜSSEN

ANFANG BIS ENDE:15 Minuten ergeben: 4 Portionen

DIES IST EINE VERSION EINES KLASSIKERSEIN FRANZÖSISCHES GEMÜSEGERICHT NAMENS ASPASMIMOSA, SO GENANNT, WEIL DAS GRÜN-WEIß-GELBE GERICHT WIE DIE GLEICHNAMIGE BLUME AUSSIEHT.

1 Pfund frischer Spargel, gehackt
5 Esslöffel geröstete Knoblauch-Vinaigrette (vgl Verschreibung)
1 hartgekochtes Ei, geschält
3 Esslöffel gehackte Walnüsse, geröstet (vgl mager)
frisch gemahlener schwarzer Pfeffer

1. Stellen Sie den Ofenrost 4 Zoll vom Heizelement entfernt auf; Den Grill auf hohe Hitze vorheizen.

2. Den Spargel auf einem Backblech verteilen. Mit 2 EL gerösteter Knoblauch-Vinaigrette beträufeln. Rollen Sie den Spargel mit den Händen auf, um die Vinaigrette zu bestreichen. 3 bis 5 Minuten grillen oder bis er gerade zart und weich ist, dabei den Spargel jede Minute wenden. Auf einen Servierteller geben.

3. Das Ei halbieren; Ein Ei durch ein Sieb auf den Spargel drücken. (Sie können das Ei auch mit den großen Löchern auf einer Reibe reiben.) Spargel und Ei mit den restlichen 3 Esslöffeln gerösteter Knoblauch-Vinaigrette mischen. Mit Nüssen toppen und mit Pfeffer bestreuen.

KNUSPRIGER KRAUTSALAT MIT RADIESCHEN, MANGO UND MINZE

ANFANG BIS ENDE: 20 Minuten ergeben: 6 Portionen FEIGE

3 Esslöffel frischer Zitronensaft
¼ Teelöffel Cayennepfeffer
¼ TL gemahlener Kreuzkümmel
¼ Tasse Olivenöl
4 Tassen zerkleinerter Kohl
1½ Tassen sehr dünne Radieschen
1 Tasse gewürfelte reife Mango
½ Tasse gehackte Schalotten
⅓ Tasse gehackte frische Minze

1. Zum Garnieren Zitronensaft, Cayennepfeffer und gemahlenen Kreuzkümmel in einer großen Schüssel mischen. Olivenöl in einem dünnen Strahl zugeben.

2. Kohl, Radieschen, Mango, Zwiebel und Minze zum Dressing in eine Schüssel geben. Zum Kombinieren gut mischen.

GERÖSTETE KOHLRINGE MIT ZITRONENKUH

HAUSAUFGABEN: 10 Minuten Braten: 30 Minuten ergibt: 4 bis 6 Portionen

3 Esslöffel Olivenöl
1 mittelgroßer Kohl, in 1 cm dicke Scheiben geschnitten
2 Teelöffel Senf nach Dijon-Art (vglVerschreibung)
1 Teelöffel fein abgeriebene Zitronenschale
¼ TL schwarzer Pfeffer
1 TL Kreuzkümmel
Zitronenscheiben

1. Ofen auf 400 °F vorheizen. Ein großes Backblech mit 1 Esslöffel Olivenöl bepinseln. Kohlröllchen auf dem Backblech anrichten; beiseite legen.

2. Mischen Sie in einer kleinen Schüssel die restlichen 2 Esslöffel Olivenöl, Dijon-Senf und Zitronenschale. Die Kohlscheiben auf ein Backblech streichen und darauf achten, dass Senf und Zitronenschale gleichmäßig verteilt sind. Mit Pfeffer und Kreuzkümmel bestreuen.

3. 30 bis 35 Minuten grillen oder bis der Kohl weich und goldbraun ist. Mit Zitronenschnitzen servieren, die über den Kohl gepresst werden.

GEBRATENER KOHL MIT BALSAMICO-ORANGEN-SPRAY

HAUSAUFGABEN: 15 Minuten Braten: 30 Minuten Ausbeute: 4 Portionen

3 Esslöffel Olivenöl
1 kleiner Kohlkopf, entkernt und in 8 Spalten geschnitten
½ Teelöffel schwarzer Pfeffer
⅓ Tasse Balsamico-Essig
2 Teelöffel fein geriebene Orangenschale

1. Backofen auf 450 °F vorheizen. Ein großes Backblech mit 1 Esslöffel Olivenöl bepinseln. Die Kohlscheiben auf dem Backblech anrichten. Den Kohl mit den restlichen 2 EL Olivenöl bestreichen und mit Pfeffer bestreuen.

2. Kohl 15 Minuten grillen. Kohlscheiben wenden; Etwa 15 weitere Minuten grillen oder bis der Kohl weich und die Ränder goldbraun sind.

3. Mischen Sie Balsamico-Essig und Orangenschale in einem kleinen Topf. Bei mittlerer Hitze zum Kochen bringen; reduzieren. Ohne Deckel etwa 4 Minuten köcheln lassen oder bis es auf die Hälfte reduziert ist. Über geröstete Kohlscheiben träufeln; sofort servieren.

www.ingramcontent.com/pod-product-compliance
Lightning Source LLC
Chambersburg PA
CBHW070055110526
44587CB00013BB/1694